Kent Nerburn

Von Mann zu Mann

Beste Wünsche von deinem Vater

Kent Nerburn

Von Mann zu Mann

Beste Wünsche von deinem Vater

Deutsch von Christian Quatmann

BEUST VERLAG

Die Deutsche Bibliothek – CIP-Einheitsaufnahme
Nerburn, Kent:
Von Mann zu Mann : Beste Wünsche von deinem Vater / Kent Nerburn.
[Übers.: Christian Quatmann]. – München : Beust, 2001
    Einheitssacht.: Letters to my son <dt.>

    ISBN 3-89530-068-3

1. Auflage, Juni 2001

© Copyright Kent Nerburn 1994
Titel der englischen Originalausgabe: *Letters To My Son*
zuerst erschienen bei New World Library, St. Raphael CA, USA,

© 2001 der deutschen Ausgabe:
Beust Verlag, Fraunhoferstraße 13, 80469 München
www.beustverlag.de
Alle Rechte vorbehalten. Reproduktionen, Speicherung in
Datenverarbeitungsanlagen, Wiedergabe auf elektronischen, foto-
mechanischen oder ähnlichen Wegen, Funk und Vortrag – auch auszugs-
weise – nur mit Genehmigung des Copyrightinhabers.

FOTOS: Volker Derlath, München, u.a.
ÜBERSETZUNG AUS DEM ENGLISCHEN: Christian Quatmann für GAIA Text,
München
LAYOUTDESIGN, SATZ UND PRODUKTION: Gerhard Stoppe, GAIA Text,
München
UMSCHLAGDESIGN: Markus Härle für GAIA Text, München
DRUCK: Freiburger Graphische Betriebe, Freiburg

    ISBN 3-89530-068-3

Printed in Germany

Für Nick natürlich – und für die Söhne aller Väter

**Geboren sind wir männlichen Geschlechts.
Lernen müssen wir, ein Mann zu sein.**

INHALT

Einleitung

Ich hatte nicht vor, dieses Buch zu schreiben. Denn an großartiger Moral und privaten Idealen besteht auf dieser Welt wahrlich kein Mangel. Und das Letzte, was ich wollte, war, meinen Namen der langen Liste von Menschen hinzuzufügen, die sich idealistischen Unternehmungen verschrieben haben.

Dann – in der Mitte meines Lebens – änderte sich alles. Ich wurde überrascht von der Geburt eines Sohnes.

Plötzlich erwachten Dinge, mit denen ich lange Zeit gerungen hatte, und Fragen, die zu beantworten ich seit langem aufgegeben hatte, im strahlenden Blick meines Kindes zu neuem Leben. Mein Sohn wird einen Weg durch die Verstrickungen des Lebens finden müssen – und auf jedes Leuchtfeuer angewiesen sein, das ihm Orientierung bieten kann. Es war und ist mir noch aufgegeben, ihn dabei anzuleiten.

Das fällt mir im Augenblick nicht schwer. Sein Aktionsradius erstreckt sich nicht weiter als er greifen kann. Ich kann ihn bei der Hand nehmen. Bald aber wird er sich allein auf den Weg machen. Wo wird er dann die Hand finden, die ihn führt?

Ich sehe mich um und mache mir Sorgen. Die Welt stellt sich als eine Kakophonie widerstreitender Visionen, Standpunkte und Vorwürfe dar. Die dunkle Prophezeihung von Yeats, dass die Besten jegliche Überzeugungskraft vermissen lassen und die Schlechtesten von leidenschaftlicher Intensität erfüllt sind, scheint eingetreten zu sein. Überall auf unserem Planeten beginnen sich gute Männer einzugestehen, dass die Welt, die wir geschaffen haben, eine Welt ist, die wir im Stich gelassen haben – dass unsere kühnsten Träume und schlimmsten Befürchtungen sich nebeneinander am Horizont abzeichnen. Wir sind uns dieses Zwiespalts schmerzhaft bewusst und verstummen – getrieben von unseren Hoffnungen, zum Schweigen gebracht von unseren Zweifeln.

Ich kann mir dieses Schweigen nicht länger leisten. Ich wünsche mir einen Sohn, der ein gutes Herz hat, der mit offenem Geist und sanfter Hand nach der Welt greift. Einen Sohn, der ein Mann des Glaubens und kein Mann des Urteils ist. Ich wünsche mir, dass er die Landschaft seiner Wertbegriffe erforscht, um nicht – ohne es zu wollen – sich selbst oder anderen Schaden zuzufügen. Um ein solcher Mann zu werden, muss er Stimmen zu hören bekommen, die mit Zuneigung, Mitgefühl und Wirklichkeitssinn über die Fragen der Mannwerdung sprechen.

Und so nehme ich meinen Platz ein unter denen, die versuchen, eine dieser Stimmen zu sein.

Zu dieser Aufgabe bringe ich alles mit, was ich zu geben habe: die Liebe zur Sprache, den Glauben an die hohen Ideale der Menschheit; eine komplexe Mischung aus Wut, Erstaunen und Verzweiflung über die Welt, in der wir leben; Jahre des Lernens und des Reisens; die Bewunderung für die Weisheit aller spirituellen Traditionen und das Vertrauen in das unerschöpfliche Wunder des Lebens um uns herum.

Vor allem aber bringe ich Folgendes mit:

Letzte Woche fuhr ein früherer Student von mir sein Auto bis ans Ende der Straße, trat das Gaspedal durch und stürzte sich den Abhang hinunter in den See. Am gleichen Tag hörte ich einem Mann zu, der von seiner Reise zu einer Frau in Indien erzählte, die, indem sie ihre Hände um seinen Kopf legte und in seine Augen starrte, seine Seele lesen konnte. An jenem Abend fand ich mich auf einer Parkbank wieder, neben einem alten Trunkenbold, vertieft in ein Gespräch über Angelhaken.

Merkwürdigerweise gelingt es mir, mit all diesen Menschen, mit all ihren Wahrheiten in Verbindung zu treten – ohne den einen höher als den anderen zu stellen. Und ich kann ihre Wahrheiten anderen mitteilen.

Das ist vielleicht nichts Besonderes. Aber diese Gabe ist mir selbst die wichtigste. Die einsame alte Nachbarin mit ihren sechsunddreißig Katzen, der strahlende junge Mann an der Tür, in der Hand ein paar religiöse Schriften, der gute Lehrer, der wahrhaftige Prediger, der Junkie, die Mutter, der Penner im Stadtpark, der mich warnte, nie einen Job anzunehmen, der von mir verlangte, den obersten Knopf meines Hemdes zugeknöpft zu tragen, und der mich warnte, mein Leben nicht so zu verpfuschen, wie er es getan hatte – ich kann ihren Wahrheiten lauschen und ich kann ihnen huldigen.

Wenn es mir gelingt, hinter den Anekdoten diese einfachen Wahrheiten zu erkennen, kann ich meinem Sohn und den Söhnen anderer Väter etwas von Wert anbieten. Ich kann eine Vision des Mannseins unterbreiten, die die Grundbedingungen menschlicher Existenz annimmt, sich aber auch dem Potenzial des Menschseins öffnet. Ich kann die gefilterten Einsichten der Träumer und Zweifler, der Gewöhnlichen und Außergewöhnlichen darlegen. Und während ich das tue, kann ich vielleicht jenen Lesern und Leserinnen etwas über das Mannsein vermitteln, die auf der Suche nach einem Ort der Besinnung und des Mitgefühls sind, von dem aus sie die weite und verwirrende Landschaft des Weges, der vor uns liegt, überblicken können.

Kent Nerburn, Bemidji, Minnesota 1992

10

PROLOG

Der Wunsch eines Vaters

Ich schreibe dieses Buch als Vater. Nicht nur als dein Vater, sondern als Vater überhaupt.

Solange du nicht selbst einen Sohn hast, wirst du nicht wissen, was das bedeutet. Du wirst niemals die unglaubliche Freude und das Übermaß an Liebe kennen, die im Herzen eines Vaters widerhallen, der seinen Sohn betrachtet. Du wirst niemals das Gefühl des Stolzes kennen, der einen Mann dazu bringt, über sich selbst hinauszuwachsen, um etwas Gutes und Hoffnungsvolles in die Hände seines Sohnes weiterzugeben. Und du wirst niemals den Schmerz der Männer ermessen können, die von ihren dunklen Seiten daran gehindert werden, so zu sein, wie sie von ihren Söhnen gesehen werden möchten.

Solange du nicht selbst einen Sohn hast, wirst du in deinem Vater nur den Mann sehen, der dir im Weg steht oder dir nichts mehr bedeutet, der dich im Guten wie im Schlechten beherrscht und dich nie loslassen wird.

Es ist ein großes Privileg und eine große Last, dieser Mann zu sein. Es gibt etwas, was ein Vater an seinen Sohn weiterreichen muss, anderenfalls wird es überhaupt nicht weitergegeben: ein Gespür für Männlichkeit, für den eigenen Wert und für unsere Verantwortung unserer Umwelt gegenüber.

Wie aber lässt sich das in Worte fassen? In der heutigen Zeit fällt es schwer, wirklich von Herzen zu sprechen. Unser Leben wird von tausend Trivialitäten nahezu erstickt, und die Poesie unseres Geistes verstummt angesichts der Gedanken und Sorgen des täglichen Lebens. Das Lied, das in unserem Herzen lebt, das Lied, von dem wir so sehnlich wünschen, auch andere mögen es hören, das Lied, das von unserem Mannsein kündet, es ist verstummt. Uns schwirrt zwar der Kopf vor guten Ratschlägen, aber was uns fehlt, ist der Glaube.

Deshalb möchte ich dir offen gestehen: Ich habe keine Antworten. Aber ich kenne die Fragen. Ich sehe, wie du kämpfst, die Welt entdeckst und aufwärts strebst, und ich sehe mein Spiegelbild in deinen Augen und in deinen Tagen. Auf eine tief greifende, grundlegende Art und Weise ist mir dieser Weg vertraut, und ich möchte ihn mit dir gehen.

Auch ich habe einmal gehen, laufen und stürzen gelernt. Ich hatte eine erste Liebe. Ich habe Angst, Wut und Trauer kennen gelernt. Ich bin mit gebrochenem Herzen dagesessen, und ich habe Augenblicke erlebt, da ich die Hand Gottes auf meiner Schulter ruhen fühlte. Ich habe Tränen des Schmerzes und der Freude geweint.

Es gab Zeiten der Dunkelheit, in denen ich glaubte, dass ich das Licht nie wieder sehen würde. Und es gab Zeiten, in denen ich am liebsten getanzt und gesungen und jeden Menschen umarmt hätte, der mir begegnete.

Ich habe mich in dem Geheimnis des Universums verloren und Momente durchlebt, in denen jede kleinste Kränkung mich zur Raserei brachte.

12

Ich habe andere getragen, als ich mich selbst kaum auf den Beinen halten konnte, und ich habe andere unbeachtet am Straßenrand stehen lassen, die mir Hilfe suchend die Hände entgegenstreckten.

Manchmal glaube ich, dass ich mehr getan habe, als irgendwer von mir erwarten kann. Mitunter fühle ich mich auch wie ein Scharlatan und Versager. Ich trage in mir den Funken der Größe und die Finsternis herzloser Verbrechen.

Kurzum: Ich bin ein Mann – genau wie du.

Auch wenn du auf deiner eigenen Erde und durch eine eigene Zeit wandeln wirst, so wird künftig dieselbe Sonne über dir aufgehen wie heute über mir, und dieselben Jahreszeiten werden deinem Leben Form und Inhalt geben, so wie sie meinem Leben heute Form und Inhalt geben. Wir werden immer verschieden sein, aber wir werden auch immer gleich sein.

Und davon handelt dieses Buch. Es ist der Versuch, dich an dem teilhaben zu lassen, was mich das Leben gelehrt hat, damit du Nutzen daraus ziehen kannst für dein Leben. Diese Lehren sollen dich nicht zu meinem Abbild machen. Vielmehr ist es meine größte Freude zu beobachten, wie du dich entwickelst und zu dir selbst findest. Doch die vergehende Zeit enthüllt Wahrheiten, die größer sind als jeder Einzelne von uns beiden. Und wenn ich diesen Wahrheiten eine Stimme verleihen kann, auf eine Weise, dass sie dich durch deine Tage begleiten kann, dann habe ich meine Sache gut gemacht.

Dein Vater zu sein, ist die größte Ehre, die mir je zuteil geworden ist. Ich habe die Möglichkeit, für Augenblicke das Mysterium zu berühren und die Inkarnation meiner Liebe mit eigenen Augen zu sehen. Und wenn ich nur einen einzigen Wunsch frei hätte, würde er lauten: Bitte, gib diese Liebe weiter.

Schließlich hat das Leben nicht sehr viel mehr zu bieten, als eben diese Möglichkeit.

13

Der Schatten des Vaters

Das Bild meines Vaters schwebt wie ein Geist über mir, während ich in Worte zu fassen versuche, was es bedeutet, ein Mann zu sein. Ich sehe ihn vor mir, wie er heute aussieht – die leere Hülle eines Mannes, der in seinen Erinnerungen dahindämmert, seine Tage vor dem Fernseher verbringt und zwischen den Programmen hin und her schaltet, weil er hofft, dort etwas zu finden, was seine Zeit ausfüllt.

Ich sehe ihn vor mir, wie er heute ist, aber in meiner Erinnerung lebt er fort, wie er einmal war.

Ich weiß noch, wie er – mit seinem kräftigen Rücken – bis spät abends arbeitete, Unkraut jätete, harkte, malerte. Auf seinem Hemd zeichnete sich, dem Verlauf seiner Wirbelsäule folgend, ein dunkler Schweißstreifen ab.

Ich erinnere mich an seine perfekt aufgeräumte Werkbank unten im Keller unseres Hauses – mit einem Haken für jedes Werkzeug und einem Etikett auf jeder Schachtel.

Ich erinnere mich an seine Wutanfälle, seine zögerlichen Versuche, mit mir über Sex zu reden.

15

Ich erinnere mich an sein Schweigen und an seinen Fleiß, seine ungelenken Bemühungen, mir durch Rituale zu vermitteln, was er mit Worten nicht ausdrücken konnte.

Und ich erinnere mich an den unausgesprochenen Stolz, von dem er erfüllt war, als seine Kinder heranwuchsen, die Schule abschlossen, Partner fanden und ins Leben hinausgingen.

Er selbst weiß von alledem nicht mehr viel. Sein Gedächtnis lässt immer mehr nach. Der Mann, der einmal Lincolns Gettysburg-Rede auswendig aufsagen konnte, weiß heute nicht einmal mehr, welchen Wochentag wir gerade haben. Seine Werkbank sieht chaotisch aus, und vor langer Zeit begonnene Arbeiten verstauben hinter Stapeln von Schachteln in irgendeiner Ecke. Der Mann, der mich in meiner Erinnerung baumhoch überragte – der nur aus Schultern und Muskeln und Kraft zu bestehen schien –, wirkt eingefallen und geschrumpft, unsicher in seinen Bewegungen und in seinem Gang.

Das alles sollte mich traurig machen, und natürlich tut es das auch. Aber diese Traurigkeit ist auf eine sonderbare Weise mit Ehrfurcht vermischt. Denn mit jedem Tag wird mir deutlicher, wie sehr er in mir lebendig und wie groß der Schatten ist, den er über mein Leben wirft.

Und das gilt für alle Männer. Keiner von uns kann dem Schatten des Vaters entkommen, selbst wenn dieser Schatten uns mit Angst erfüllt, ja, selbst wenn er weder einen Namen noch ein Gesicht hat. Ob wir diesem Mann gerecht werden, ob wir ihm etwas beweisen wollen, ob wir die Erinnerung an diesen Mann aus allen Winkeln unseres Lebens verbannen möchten – wie auch immer wir uns mit ihm auseinander setzen, den Schatten dieses Mannes können wir nicht abschütteln.

Ich habe Glück gehabt. Obwohl seine Wut ihn manchmal tief erfasste und er im Kern seines Herzens einsam war, hat mein Vater mir keinen Schaden zugefügt. Seine Hand ruhte stets auf meiner Schulter, wenn ich ihn brauchte, und er hat sich alle

16

Mühe gegeben, das Leben seines Sohnes nicht von den Sünden seines Vaters überschatten zu lassen.

Anderen Männern ist nicht so viel Glück beschieden. Ihre Erinnerungen sind von Gewalt und Brutalität geprägt, von Alkoholdunst oder von Augenblicken, in denen sie in einer Ecke kauerten, während um sie herum das Glas zersplitterte.

Wieder andere kennen statt der Erinnerung an ihren Vater nur ein Gefühl schmerzlicher Leere.

Aber wir alle stehen auf die eine oder andere Weise im Schatten unserer Väter. Und dieser Schatten macht uns zu dem, was wir sind, und er prägt das Bild des Mannes, der wir sein möchten.

Wer selbst Vater wird, lernt die Macht dieses Schattens von der anderen Seite kennen. Er begreift, dass das Verhalten, das er gegenüber seinem Sohn an den Tag legt, diesen im Guten wie im Schlechten sein ganzes Leben lang beeinflussen wird.

Aber wer weiß schon, was im Einzelnen welche Spuren hinterlässt? Ein Wort hier, ein Blick dort, ein paar Tage der Gemeinsamkeit oder der Trennung. Welche dieser Augenblicke werden in der Erinnerung haften bleiben, welche werden das Kind prägen, das ja alles Tun oder Reden des Vaters ohne ein vorgefertigtes eigenes Urteil erlebt?

Ich sehe ein Bild vor mir, den dämmrigen Eingangsbereich einer Wohnung. Mein Vater steht dort. Ich verstecke mich hinter ihm, ein verängstigter Zehnjähriger, der kaum zur Tür zu blicken wagt. Wir haben ein Fahrrad dabei, einen violetten »Renner«, wie wir diese Räder nannten, mit Handbremsen und Gangschaltung. Es ist das schönste Rad, das ich je gesehen habe. Wir geben es seinem Besitzer zurück.

Mein Vater hatte das Rad auf einem Morgenspaziergang am Strand gefunden. Er hatte es in unserer Garage verwahrt und mit einer Decke geschützt. Ich durfte nicht damit fahren, weil es, wie er sagte, jemand anderem gehörte. Wochenlang stand das Fahrrad in unserer Garage, während mein Vater über

Kleinanzeigen den Besitzer suchte. Ich hoffte insgeheim, der Besitzer werde sich nicht melden, damit ich das Fahrrad für mich behalten konnte.

Aber dann meldete er sich doch, und jetzt stehen wir vor seiner Tür, um ihm das Rad zurückzugeben.

Mein Vater klopft, und die Tür öffnet sich einen Spalt breit. Ein Mann späht hinaus und schaut an uns beiden vorbei auf das Fahrrad. Dann rollt er es zu sich hinein und nimmt es genauer in Augenschein. Mein Vater und ich stehen unterdessen vor der Tür und warten.

»Es hat eine Menge neue Kratzer«, sagt der Mann.

Mein Vater schweigt.

Der Mann dreht die Räder, prüft den Lenker. Er schaut meinen Vater anklagend an. Ich möchte am liebsten herausschreien, dass an dem Rad gar keine neuen Kratzer sind, dass es vielmehr – durch eine Decke geschützt – in unserer Garage gestanden hat. Stattdessen blicke ich zu Boden. Das Rad glitzert und funkelt im Dämmerlicht.

Der Mann rollt es noch weiter hinein ins Haus und brummt: »Jetzt muss ich Ihnen wohl auch noch einen Finderlohn zahlen.« Er kramt einen zerknüllten Geldschein hervor und will ihn meinem Vater geben. Mein Vater lehnt dankend ab.

Der Mann starrt uns abermals an und untersucht dann wieder sein Fahrrad.

Wir machen kehrt und gehen den Flur zur Tür zurück. Ich fasse meinen Vater am Hemd. »Warum bist du so nett zu dem Mann gewesen?«, frage ich. »Er war wirklich gemein.«

Mein Vater lässt sich nicht aufhalten. »Vielleicht gibt er es eines Tages an jemand anderen weiter«, sagt er. Ich trotte im fahlen Ganglicht hinter ihm her. Wir haben das Fahrrad nie mehr erwähnt.

Das Bild verblasst, tritt in den Hintergrund und wird von anderen Eindrücken verdrängt.

18

Viele Jahre später statte ich in einer belanglosen Verwaltungssache dem örtlichen Gefängnis einen Besuch ab.

Während ich im Wartezimmer sitze, entdecke ich auf dem Insassenverzeichnis den Namen eines früheren Schülers von mir. Man hat ihn wegen alkoholbedingten Vandalismus eingesperrt, und das nicht zum ersten Mal.

Ich habe diesen Jungen immer gemocht. Er hat ein gewinnendes Lächeln, und aus seinen Augen spricht aufrichtige Freundlichkeit und Liebe zum Leben. Er hat keine Familie und ist zeitlebens zwischen Pflege- und Erziehungsheimen hin- und hergeschoben worden. Seinen Vater kennt er nicht und brüstet sich damit, dass ihm das egal ist.

Ich frage den Gefängnisaufseher, ob ich den Jungen sehen kann.

Der Mann führt mich durch etliche Stahltüren, die umso dumpfer hinter uns zufallen, je weiter wir gehen. Ich werde in einen völlig leeren Raum gebracht, der einzig von kaltem Neonlicht erleuchtet ist.

»Warten Sie hier«, sagt der Aufseher.

Er führt meinen ehemaligen Schüler in den Raum. »Hallo, Chris«, sage ich. Chris gibt keine Antwort. In seinen nervös blinzelnden Augen ist Angst zu erkennen. »Er hat Randale gemacht«, sagt der Wärter, »deshalb haben wir ihn in eine Einzelzelle gesteckt. Wird eine Weile brauchen, bis er sich an das Licht gewöhnt hat.«

Chris sieht mich an. Seine Lippen zittern. »Bitte, lassen Sie nicht zu, dass sie mich wieder dort einsperren«, sagt er. Dabei sieht er mich an wie ein verängstigtes Kind. »Bitte«, sagt er dann abermals. Ich habe noch nie zuvor gehört, dass er zu jemandem »Bitte« gesagt hat.

Ich betrachte ihn eine Weile, doch ich sehe nur seine verängstigten Augen.

»Gut«, sage ich dann. »Ich werde sehen, was sich machen lässt.« Noch einmal zittern seine Lippen, dann macht sich ein Grinsen breit.

Ich spreche mit den Wärtern und zahle Chris' Kaution. Sie bringen ihm seine Kleidung. Ich unterzeichne ein paar Papiere und führe ihn dann hinaus zu meinem Wagen. Ich kaufe ihm einen Hamburger und fahre ihn zu einem Haus, wo er angeblich bleiben kann. Als wir dort eintreffen, ist er schon wieder bester Dinge und spuckt große Töne.

Ich halte vor dem Haus, und er springt aus dem Auto. »Bis dann«, sagt er und dreht sich nicht einmal um.

Am nächsten Tag erzähle ich einem Freund von Chris. Er wird ärgerlich und macht mir Vorhaltungen. »Ich begreife einfach nicht, wie du das tun konntest«, sagt er. »Du hast dich an der Nase herumführen lassen, so macht er das doch mit allen. Du hättest ihn im Knast stecken lassen sollen, bis er schwarz wird. Vielleicht hätte er dann begriffen, dass er sich nicht immer aus allem herausreden kann. Wie kamst du eigentlich auf diese blödsinnige Idee?«

»Vielleicht gibt er es eines Tages an jemand anderen weiter.«

Mein Freund schüttelt nur den Kopf und geht wieder an seine Arbeit.

Irgendwo, viele Meilen entfernt, starrt mein Vater dumpf auf einen Bildschirm.

Mannsein und Männlichkeit

Mein Vater war kein außergewöhnlicher Mann. Sein Leben würde schwerlich den Stoff für ein Heldenepos hergeben. Aber er war ein guter Mann. Er hat nie absichtlich einen anderen Menschen verletzt, und er war stets bereit zu helfen, wo er nur konnte.

In den vergangenen zehn Jahren bin ich dann Zeuge geworden, wie er langsam das Interesse am Leben verloren hat.

Er ist nicht unglücklich, sondern in einem Zustand, in dem Glücklichsein oder Unglücklichsein keine Bedeutung mehr hat. Er ist völlig ausgelaugt und von den Verlusten gezeichnet, die sein gesamtes Selbstwertgefühl aufgezehrt haben. Zuerst hat er seinen Job verloren, dann seine Körperkraft und schließlich jenes Gefühl der Nützlichkeit, das seinem Dasein hier auf Erden früher einen Sinn gegeben hat.

Es ist traurig, das mit anzusehen. Wir alle lieben ihn noch immer und achten und verehren ihn als Vater, aber er selbst empfindet für sich keine Liebe, keine Achtung und keine Verehrung mehr. Seine Welt und sein Körper haben ihn verraten.

Wie konnte es dazu kommen? Wie konnte es geschehen, dass ein Mann, der immer so stark war, plötzlich so schwach erscheint?

23

Weshalb hat er bereits resigniert, als der Lebenshorizont sich noch weit vor ihm erstreckte? Ich fürchte, er hat resigniert, weil er sich selbst nicht mehr als Mann empfand.

Er hatte sein Bestes gegeben, um jenem Bild eines Mannes zu entsprechen, das man ihn gelehrt hatte – die klügsten Kinder zu haben, der Stärkste zu sein, am meisten zu verdienen, das Wenigste zu brauchen. Und er hatte dies alles erfolgreich gemeistert. Vielleicht nicht so glänzend, wie er sich das erträumt hatte, aber für einen Jungen, der schon mit sechzehn Jahren allein in der Welt stand, war er erfolgreicher gewesen, als er hätte hoffen dürfen. Er ließ sich nicht unterkriegen, fand einen Platz in der Welt, gründete eine Familie, für die er ehrenvoll und in Würde sorgte. Doch was hat dann dazu geführt, dass er für all diese Leistungen so wenig Wertschätzung aufzubringen vermochte? Warum hatte er, der mit nichts begonnen und so viel erreicht hat, das Gefühl, dass seine Männlichkeit auf unerklärliche Weise verschwunden war?

Die Antwort ist bitter, aber unmissverständlich: Er hat es nicht richtig verstanden, zwischen Männlichkeit und Mannsein zu unterscheiden. Unsere Männlichkeit ist Teil unseres biologischen Vermächtnisses. Sie hat mit Stärke, Beherrschung, Territorialität, Wettbewerb zu tun und diversen anderen Charakterzügen, die in jenen Tagen unverzichtbar waren, als allein physische Überlegenheit das Überleben gewährleisten konnte.

Ein Mann zu sein, ist hingegen etwas anderes. Es bedeutet, diese männlichen Eigenschaften in ein Leben zu formen, das sich den Herausforderungen der Welt ebenso stellt wie es den Bedürfnissen anderer dient. Das heißt nichts anderes, als sich einem Traum verpflichtet zu fühlen. Es heißt, auf dem Boden des Glaubens stehend nach den Sternen zu greifen.

Die Welt, in die mein Vater hineingeboren wurde, erlaubte es ihm nicht, seine Männlichkeit von seinem Mannsein zu trennen. Der nackte Kampf ums überleben verlangte von ihm Aggressivität, Konkurrenzdenken und den Einsatz körperlicher Kraft.

24

Er wuchs in ärmlichen Verhältnissen auf. Sein Vater machte sich früh aus dem Staub. Seine Mutter starb, als er kaum sechzehn war. Noch bevor er erwachsen war, geriet er in den Strudel der Weltwirtschaftskrise. Um zu essen, musste er arbeiten, und um Arbeit zu finden, musste er stärker und einsatzfreudiger sein als andere. Bald darauf betraten Faschismus und Nationalsozialismus die Weltbühne, und es wurde von ihm erwartet, dass er mit der Waffe in der Hand gegen andere Männer kämpfte. Nach dem Krieg kehrte er mittellos nach Amerika zurück und musste für seine Familie einen Platz in einer Wirtschafts- und Gesellschaftsordnung finden, die sich während des Krieges völlig verändert hatte.

Seit frühester Kindheit wurde er in einer Welt umhergestoßen, die nur Gewinner oder Verlierer kannte. Kein Wunder also, dass sein Begriff von Männlichkeit zutiefst mit der Vorstellung von Überlegenheit und Meisterschaft verknüpft war.

Jetzt, da sein Körper nicht mehr mitspielt, ist an die Stelle des Gefühls der Überlegenheit und Meisterschaft ein Gefühl der Abhängigkeit getreten. Er empfindet sich als überflüssig und bedeutungslos. Der Verlust seines Jobs, seiner körperlichen Kräfte und seiner sexuellen Potenz, der Verlust der Fähigkeit, seine Umgebung zu kontrollieren, dies alles bestärkt ihn in dem Glauben, er sei kein richtiger Mann mehr. Er ist nur mehr ein Schatten seiner selbst und verbringt seine letzten Jahre in einer Art milder Hoffnungslosigkeit. Das alles hätte nicht so kommen müssen. Ich als sein Sohn weiß sehr wohl um das wirkliche Mannsein meines Vaters. Ich sehe noch den Mann vor mir, der tagelang auf Schlaf verzichtete, um Menschen zu helfen, denen Unwetter oder Feuersbrünste Heim und Hof genommen hatten. Ich sehe den Mann vor mir, der zwei, manchmal sogar drei Jobs nebeneinander hatte, um seinen Kindern Weihnachtsgeschenke kaufen zu können, und der seine eigenen Bedürfnisse stets zurückstellte. Ich sehe einen Mann vor mir, der seine männliche Kraft in den

Dienst seiner Sorge um andere stellte, und nichts kann in meinen Augen seine männlichen Qualitäten schmälern.

Er war ein guter Mann. Ja, in dem engen Rahmen seines Daseins war er sogar ein großer Mann. Aber er ist sich dessen nicht bewusst. Er lebte in einer Zeit, da Mannsein mit Männlichkeit gleichgesetzt wurde, und er hat sich selbst an diesen Maßstäben gemessen. Doch inzwischen haben die Zeiten sich geändert.

Du, mein Sohn, bist in eine andere Welt hineingeboren, eine Welt, die dich vor andere Möglichkeiten und Herausforderungen stellt. Diese Welt ruft nach anderen Männerbildern, nach einem Mannsein, das sich immer weniger an der traditionellen Aggressivität und Wettbewerbsorientierung des männlichen Charakters ausrichtet. Du wirst nach neuen Wegen Ausschau halten, um Stärke, Souveränität und Mut Ausdruck zu verleihen – nach Wegen, die dich nicht zwingen, der Welt um dich herum feindlich entgegenzutreten.

Überdies wird es dir nicht erspart bleiben, diese Wege großenteils ohne Vorbilder selbst zu erkunden. In früheren Zeiten gab es Rituale, die einem Jungen den Übergang zum Mannsein erleichterten. Dabei wurde er von älteren und erfahreneren Männern in das Wissen und die Pflichten seiner männlichen Rolle eingeweiht. Heutzutage gibt es solche Rituale kaum mehr. Keine Institution hilft Jungen, Schritt für Schritt erwachsen zu werden. Sie müssen sich ganz einfach selbst zurechtfinden.

Wenn unser Körper uns sagt, dass wir zum Mann herangewachsen sind, erwacht in uns ein Verlangen und eine Sehnsucht, aber auch das Gefühl der Unerfülltheit. Und nur allzu leicht geschieht es, dass wir unser neues Mannsein fälschlicherweise mit unserer nun voll erblühenden Männlichkeit gleichsetzen. Mannsein hat etwas mit Werten zu tun, und eine Männlichkeit, die ohne klare Wertvorstellungen in Aktion tritt, fügt der Umwelt Schaden zu.

Ich möchte, dass du dir in deinem späteren Leben über diesen Unterschied im Klaren bist. Dem männlichen Geschlecht anzugehören ist nicht genug. Das Recht, uns selbst als Mann zu bezeichnen, müssen wir erst verdienen, und wir müssen lernen, dass es sich dabei um einen Ehrentitel handelt. Ich kann dir nicht sagen, wie du dieses Recht verdienen und diesen Ehrentitel erwerben kannst. Aber ich kann dir sagen, dass du das Mannsein nur durch einen bewussten Akt erreichen kannst, bei dem du dich von der höchsten Vorstellung dessen leiten lässt, was es heißt, ein Mann zu sein.

Während du diese Vision des Mannseins in dir erweckst, wird das Echo der Männlichkeit ein ums andere Mal in dir widerhallen. Das Konkurrenzdenken, die Herrschsucht, der sexuelle Drang, das Verlangen nach Überlegenheit, dies alles meldet sich in uns immer wieder mit einer verführerischen Stimme zu Wort. Aber wenn du fähig bist, diese Impulse umzuwandeln, erweisen sich deine männlichen Attribute als wahre Maßstäbe des Mannseins – als Stärke und Ehrgefühl und moralische Kraft, als Mut und Opferbereitschaft und Selbstvertrauen.

Stehe deshalb zu deinen männlichen Eigenschaften. Sei stolz auf sie. Ehre sie. Verwandle sie in ein Mannsein, das deiner Umwelt zugute kommt. Aber lass dich nicht von ihnen überwältigen und lass dir nicht von denen, die zwischen Männlichkeit und Mannsein nicht zu unterscheiden wissen, dein Mannsein rauben. Und vor allem: Falle nicht dem falschen Glauben zum Opfer, dass du dich nur durch Überlegenheit und Macht als wahrer Mann erweisen kannst.

Sei wie mein Vater. Sei wie die Generationen namenloser Männer, die der Zeit, in die sie gestellt waren, als Sachwalter gedient und niemals ihre Hand erhoben haben, um anderen Schaden zuzufügen. Bemiss deine Bedeutung nach deiner Fähigkeit, Einfluss zu nehmen, aber ebenso nach deiner Fähigkeit, dies wohlwollend und im Interesse deiner Mitmenschen zu tun. Denn die heutige Welt braucht liebende und nicht etwa eroberungswütige Männer. Reihe dich ein in die Schar dieser liebenden Männer.

Stärke

Unlängst habe ich eine Gruppe von Jungen beobachtet, die einen anderen Jungen vor einem Ladengeschäft herumstießen. Der so bedrängte Junge tat zwar so, als ob er sich gegen seine Angreifer zur Wehr setzen wollte, aber er hatte ganz offensichtlich Angst. Die anderen Jungs ließen sich freilich durch seine defensiven Drohgebärden nicht beeindrucken, provozierten ihn weiter, warnten ihn, zurückzuschlagen. Sie waren kurz davor, sich auf ihn zu stürzen und ihn zu verprügeln. Es bedurfte nur dieses ersten Schlages, um sie von der Leine zu lassen.

Da kam ein älterer Mann vorbei und trat dazwischen. Die Angreifer sahen ihn an und verzogen sich unwillig. Der bedrohte Junge war nun erlöst, aber noch lange nicht in Sicherheit. Eines Tages, an einem anderen Ort, würden die Schläger ihm wieder auflauern.

Ich weiß nicht, was die Ursache dieser Auseinandersetzung gewesen ist. Aber ganz sicher ging es dabei um eine Lappalie. Ein falsches Wort, eine falsche Bewegung. Gleichwohl war dieser belanglose Anlass Auslöser eines uralten Rituals – Jungen, die ihre

29

Körperkraft aneinander messen, um ihren Status in einer Gruppe unter Beweis zu stellen.

Eigentlich ein trauriges Ritual, auf das wir wahrlich nicht stolz zu sein brauchen.

Aber diese Wertschätzung physischer Stärke scheint offenbar ein Teil unserer genetischen Ausstattung zu sein, und selbst die Besten von uns lassen sich von körperlicher Kraft beeindrucken. Offenbar handelt es sich dabei um ein groteskes Überbleibsel aus unseren Tagen als Jäger und Beschützer, aus einer Zeit also, in der unsere körperlichen Fertigkeiten noch den Maßstab für unseren Erfolg als Männer bildeten.

Heute ist Körperkraft ein verzerrender Maßstab dessen, was wir wirklich sein müssten.

Jahrtausendelang haben wir unter einem biologischen Gesetz gelebt, demzufolge Männlichkeit gleichbedeutend war mit Stärke – die Stärke, andere zu beherrschen, die Stärke, unsere eigenen Gefühle zu unterjochen, die Stärke, die Welt um uns herum zu kontrollieren.

Wer schwerer tragen, schneller laufen, länger arbeiten kann als andere – der ist nach dieser Vorstellung der bessere Mann.

Kann ich einen anderen Menschen körperlich bezwingen? Wenn ja, dann bin ich der stärkere Mann.

Kann ich die Tränen unterdrücken, wenn ich glücklich oder traurig bin? Wenn ja, dann bin ich ein wahrhaft harter Mann.

Doch die Welt kann auf diese Vorstellung von Stärke inzwischen sehr gut verzichten. Wir sind nicht mehr jener Physik des Überlebens unterworfen, die es dem Mann abverlangte, in einem elementaren Kampf um Selbstbehauptung Gewalt mit Gegengewalt zu beantworten. Geistige und seelische Kräfte sind gefragt, körperliche Stärke sollte höchstens im Zusammenhang mit körperlicher Fitness eine Rolle spielen.

Ich möchte dir zwei einfache Geschichten erzählen. Vielleicht wird dann klarer, was ich meine.

30

Letzte Woche war ich allein zu Hause. Und ich hatte zwei Karten für ein Kammermusikkonzert am Freitagabend.

Ich setzte mich also ans Telefon und rief etliche unserer Freunde an. Doch alle, die gern zu einem solchen Konzert mitgegangen wären, hatten etwas anderes vor. Und jene, die Zeit gehabt hätten, waren nicht besonders erpicht auf klassische Musik.

Die Karten hatten nicht viel gekostet. Ich hätte also durchaus eine davon verfallen lassen und allein gehen können. Aber irgendetwas nagte in mir. Am Freitagmorgen versuchte ich das Thema möglichst zu verdrängen. Ich bemühte mich, nicht an die Karten zu denken, die in meiner Brieftasche steckten. Aber schon um die Mittagszeit empfand ich sie wie eine drückende Last.

Schließlich stieg ich in den Wagen und fuhr zu einem nahe gelegenen Altenheim hinüber. Ich ging in das Schwesternzimmer im zweiten Stock und sprach mit der Oberschwester. »Gibt es hier einen Heimbewohner, der noch ein bisschen gehen kann, Spaß an Musik hat und bereit wäre, zusammen mit einem Fremden ein Konzert zu besuchen?«, fragte ich.

Die Schwestern, die sich in dem Zimmer aufhielten, sahen einander an und begannen über die in Frage kommenden Heimbewohner zu diskutieren. »Edna? Florence? Joe?« Nach ein paar Minuten einigten sie sich darauf, dass Edna die geeignete Wahl wäre. Wir gingen also in den Speisesaal hinüber und fragten sie. »Nein, ich will nicht«, sagte sie. Offensichtlich hatte sie Angst.

Also einigten wir uns auf Florence.

Wir suchten sie in ihrem Zimmer auf. Sie saß in ihrem Rollstuhl, die Hände in den Schoß gelegt. Sie war wohl achtzig Jahre alt, nahezu völlig erblindet und trug orthopädische Schuhe mit zehn Zentimeter dicken Sohlen und allerlei Riemen, die an ihren Beinen befestigt waren.

»Dieser junge Mann hat Karten für ein Konzert heute Abend, Florence«, sagte die Pflegerin. »Er möchte wissen, ob Sie ihn begleiten wollen.«

Ich musste über die Formulierung der Schwester lachen. »Ein Altenheim ist wahrscheinlich der einzige Ort auf der Welt, wo ich noch als junger Mann durchgehe«, sagte ich.

Florence richtete ihre dicken Brillengläser auf mich. »Na klar«, sagte sie. »Gehen wir. Ich hab schon lange keine Verabredung mehr gehabt.« Wir sprachen ein wenig über das Konzert und darüber, wie sie am besten in meinen Wagen hinein- und wieder herauskommen könne. Dann verabredeten wir, wann ich sie abholen solle, und ich ging erst einmal meiner Wege.

Um halb acht Uhr abends traf ich wieder vor dem Altenheim ein. Sie hatte ihr bestes Kleid angezogen und saß wartend in ihrem Rollstuhl in der Dunkelheit. Sie trug grüne Handschuhe und presste ein Handtäschchen an sich. Ich sagte kurz »Hallo« zu den Pflegerinnen, und dann zogen wir los.

Alles ging glatt. Florence schaffte es, in meinen Wagen einzusteigen, und sogar der Rollstuhl passte – wenn auch knapp – in den Kofferraum. Vor dem Theater halfen mir ein paar Kartenkontrolleure, Florence aus dem Wagen zu heben und in den Konzertsaal zu bringen. Sie blieben auch bei ihr, während ich einen Parkplatz suchte.

Florence zog es vor, das Konzert von ihrem Rollstuhl aus zu verfolgen. Ich hatte einen Platz am Gang und konnte direkt neben ihr sitzen. Bevor das Licht erlosch, unterhielten wir uns über Menschen und Orte, die wir beide kannten. Während im Orchester die Instrumente gestimmt wurden, las ich ihr das Programm vor – Bach, Vivaldi und Beethoven.

Dann begann das Konzert.

Anderthalb Stunden lang saß Florence stumm da, starrte mit leeren Augen auf die für sie unsichtbare Bühne und lauschte einer Musik, die sie seit Jahren nicht mehr gehört hatte. Dabei lag auf ihren Lippen die ganze Zeit der Anflug eines Lächelns. In ihren behandschuhten Händen hielt sie weiterhin das Täschchen.

32

Als das Konzert schließlich beendet war und der Beifall langsam verebbte, fragte sie mich, ob ich ihr eine Kopie des Programms besorgen könne. »Ich kann es zwar nicht mehr lesen«, sagte sie. »Aber ich möchte trotzdem eines haben.«

Sonst gibt es über diesen Abend nicht mehr viel zu berichten. Ich brachte sie nach Hause. Sie bedankte sich bei mir. Die Pflegerinnen machten ein paar Späße mit ihr und schoben sie dann durch den halb dunklen Korridor zurück in ihr Zimmer. Ihre behandschuhten Hände hielten weiterhin das Täschchen fest, und in ihrem Schoß unter der Tasche lag das Konzertprogramm. Das ist alles. Sonst nichts.

Und jetzt die zweite Geschichte.

Eines Sommers, kurz nach Abschluss der High School, verdiente ich mein Taschengeld in einem Country Club. Ein Mann namens Haines und sein Sohn Calbert waren dort fest angestellt. Haines war um die sechzig und hatte stets ein freundliches Lächeln auf den Lippen. Calbert war Mitte zwanzig, trug eine Schmalztolle und stets eine getönte Brille. Da die beiden schwarzer Hautfarbe waren, durften sie ihr Essen nicht oben in der Angestelltenkantine einnehmen, sondern nur unten im Heizungskeller. Wann immer möglich, stieg ich mit meinem Tablett in den Keller hinab, um dort mit den beiden zu essen.

»Das brauchst du wirklich nicht zu tun«, sagte Haines bisweilen. »Damit beweist du nichts.«

»Ich muss es tun, weil ich es einfach falsch finde, was sie hier mit euch machen«, entgegnete ich.

»Dann mach es dir bequem«, pflegte Haines zu erwidern. »Schaden wird es dir schon nicht.«

Calbert lächelte meist nur und schüttelte den Kopf. »Du regst dich völlig umsonst auf«, sagte er, während er das Cribbage-Brett hervorholte. »Dagegen kann man sowieso nichts machen.«

Tag für Tag beobachtete ich Haines und Calbert. Ich beschwerte mich beim Manager des Clubs und anderen – weißen – Ange

33

stellten. Nichts änderte sich. Doch konnte ich an Haines und Calbert niemals auch nur das kleinste Zeichen von Wut oder Empörung entdecken. Sie nahmen ihr Mittagessen zu sich, spielten eine Runde Cribbage und gingen dann wieder nach oben, wo sie den Männerumkleideraum sauber machten und die Golfschuhe polierten.

Jeden Abend wurde ihnen eine Liste mit den Schuhen übergeben, die bis zum nächsten Morgen gereinigt und poliert sein mussten. Wenn ich abends nach Hause ging, waren Haines und Calbert manchmal immer noch dabei, Schuhe zu wienern, während von oben aus den Clubräumen das Lachen der Golfer, ihrer Freunde und Angehörigen zu ihnen herunterklang.

Am Ende des Sommers begannen die Vorlesungen an meinem College, aber wann immer ich an dem Country Club vorbeikam, besuchte ich Haines und Calbert.

Eines Tages stieß ich in unserer Lokalzeitung auf einen Artikel. In einem Country Club in der Nähe war ein Einbruchversuch unternommen worden – allerdings nicht in jenem, in dem ich Haines und Calbert kennen gelernt hatte, sondern in einem anderen Club, in dem ich früher als Caddie gearbeitet hatte. Ein Schwarzer war erschossen worden, als er mit Hilfe eines dort arbeitenden Freundes in einen der Umkleideräume eingebrochen war.

Der Schwarze war Calbert.

Der Polizist, der ihn erschossen hatte, war in der High School ein paar Jahrgänge über mir gewesen. Schon damals war er als Schläger aufgefallen. Alle hatten Angst vor ihm, weil er mit Ketten und Metallrohren andere Schüler attackierte. In dem Artikel hieß es, der Polizist habe angegeben, in Notwehr geschossen zu haben – obwohl die Kugel Calbert in den Rücken getroffen hatte und dieser unbewaffnet gewesen war. Da es keinen Zeugen gegeben habe, würde auch keine Anklage gegen den Beamten erhoben werden.

34

Wut und Trauer packten mich, und ich machte mich sofort auf, um Haines zu besuchen. Wie damals saß er auf seiner Bank und polierte Schuhe. »Calbert würde niemals versucht haben, jemanden zu töten«, sagte ich.

»Das weiß ich«, entgegnete Haines und fädelte Schnürsenkel in einen eleganten Halbschuh ein.

»Ich bin mit diesem Polizisten zur Schule gegangen«, fuhr ich fort. »Er war schon damals ein Gewaltmensch, und das ist er auch heute noch. Er hat Calbert einfach von hinten erschossen.«

»Das weiß ich«, erwiderte Haines.

»Ja, und willst du dir das etwa gefallen lassen?«, schrie ich Haines an.

Er sah mich direkt an. Seine Augen waren klar und traurig. »Calbert hatte dort nichts zu suchen«, sagte er. Das war alles.

Obwohl Calberts Leben buchstäblich bis zu seinem letzten Atemzug von schmerzhaften Erfahrungen, Ungerechtigkeit und Unfairness geprägt war, weigerte sich Haines, die Schuld für seinen Tod bei anderen zu suchen: »Calbert hatte dort nichts zu suchen.«

Ich tobte, schrie, Tränen der Wut rollten meine Backen hinunter – ich konnte es einfach nicht glauben: Da hatte ein Mann seinen Sohn verloren, weil dieser völlig zu Unrecht, ohne dass die Justiz einzuschreiten gedachte, von einem Scheusal in Uniform hinterrücks erschossen worden war. Und dieser Mann verharrte angesichts solcher Niedertracht in völliger Passivität

Haines lächelte mich nur an und schüttelte den Kopf. »Du bist wütend, ich weiß. Ich bin ebenfalls wütend«, sagte er. »Der Mann hat meinen Sohn umgebracht. Ich möchte ihn hinter Gittern sehen, und ich werde versuchen, ihn auch dort hinzubekommen. Aber das ändert nichts an dem, was Calbert getan hat. Calbert ist erschossen worden, weil er sich an einem Ort aufgehalten hat, wo er nichts zu suchen hatte. Unabhängig davon, was ich unternehmen werde – Tatsache bleibt, dass das, was er getan hat, Unrecht war. Er hatte dort nichts zu suchen.«

35

Ich stand sprachlos vor diesem Mann, der soeben seinen Sohn verloren hatte. Er war offenbar tief bekümmert, strahlte aber gleichzeitig eine tiefe Ruhe aus. Und er suchte nicht nach Vorwänden, die seine Wut rechtfertigen oder seine Hoffnung auf Rache nähren konnten. Zudem ließ er sich nicht zu übereiltem Handeln hinreißen, weil er der Kette des Leidens kein weiteres Glied hinzufügen wollte. Er strahlte wahre Stärke aus, selbstbeherrscht in seinem Schmerz und von dem Ehrgefühl getragen, von dem er sich sein Leben lang hatte leiten lassen.

Manch einer würde dies vielleicht als Passivität abgetan haben. Aber ein Blick in Haines' von Weisheit gezeichnete Augen sagte mir, dass dieser Mann sich nicht etwa aus Fatalismus oder Feigheit weigerte, aktiv zu werden. Er kannte das moralische Zentrum seines Daseins genau, und er war stark wie ein Berg.

Ich hätte diese Stärke damals nicht aufgebracht. Ich hätte mich ganz meiner Wut hingegeben und irgendeinen Plan ausgeheckt, um mich ganz fürchterlich an Calberts Mörder zu rächen.

Meinen Mitmenschen wäre ich dabei vielleicht wie ein Ausbund gerechten Zorns oder wie ein Turm der Stärke erschienen. Doch im Vergleich zu der Stärke von Haines wäre das nichts gewesen.

Haines wiederum wäre niemals stark genug gewesen, um jenes Pflegeheim aufzusuchen und dort eine Fremde in ein Konzert einzuladen. Er akzeptierte die Härten des Lebens, und es war nicht seine Art, auf andere zuzugehen, um ihnen ein wenig Glück zu schenken. Er hätte die zweite Karte ganz einfach verfallen lassen. Vielleicht hätte er mich zu meinem Tun sogar beglückwünscht. Aber selbst hätte er das niemals getan. Seine Stärke war ganz einfach von einer anderen Art.

Zwei Männer. Zwei Augenblicke in ihrem Leben, von denen kaum ein Außenstehender Kenntnis erlangt. Zwei unterschiedliche Arten, stark zu sein.

Es ist wichtig für dich zu wissen: Jeder Mann hat eine ganz eigene Art von Stärke. So haben etwa Männer, die zu Hause bleiben und sich um ihre alten Eltern kümmern, Männer, die endlose Stunden darauf verwenden, hervorragende Violinisten zu werden oder die Geheimnisse der Quantenphysik zu ergründen, eine ganz eigene Art unspektakulärer Stärke, die Außenstehenden kaum auffallen wird. Ein Mann, der seinem Wunsch nach Unabhängigkeit nicht nachgibt und sich freundlich und liebevoll der Erziehung seiner Kinder widmet, legt eine Stärke an den Tag, mit der es nur wenige aufnehmen können, trotzdem bemerkt kaum jemand diese Stärke.

Es ist wichtig, dass du deine eigenen Stärken entdeckst. Wir haben eine fast instinktive Neigung, Stärke mit den verschiedenen Formen von Gewalt zu assoziieren und sie nur dort zu suchen, wo es hoch hergeht oder wo spektakuläre Dinge geschehen. Wenn ein Mann einen Berg ersteigt oder einen Eindringling abwehrt, fällt es uns leicht, seine Stärke zu sehen. Wir fühlen uns zu ihm hingezogen, weil er seine Angst überwunden hat. Und was das bedeutet, können wir ohne weiteres verstehen.

Aber Stärke ist weit mehr als die Überwindung von Angst. Jeder Mann hat Angst vor irgendetwas. Manche haben Angst, im Kampf zu unterliegen. Andere fürchten, keine Frau zu bekommen. Manche erschaudern bei der Vorstellung, sie könnten sich vor anderen Leuten blamieren. Wieder andere haben Angst vor der Einsamkeit. Aber wenn du deine Männlichkeit an deinen Befürchtungen und deine Stärke an den Ängsten misst, die du überwindest, so macht dich das nicht stärker. Es macht dich lediglich weniger schwach. Wahre Stärke findet sich dort, wo die Angst gar nicht erst Fuß fassen kann, und der Ursprung dieser Stärke ist die Grundeinstellung, die Haltung.

Martin Luther hat es vielleicht am treffendsten ausgedrückt, als er für seinen Glauben einstand. »Hier stehe ich«, sagte er, »und kann nicht anders.« Wenn es dir gelingt, etwas, das für dich wichtig ist, in diesem Licht zu sehen, dann fallen alle Bedenken und Ängste von dir ab. Du wirst entdecken, dass deine Haltung deine Ängste überwindet, dass deine Überzeugung die Wut verrauchen lässt. Genau wie Haines stehst du dann im Zentrum eines unerschütterlichen Friedens. Du spürst plötzlich eine Kraft in dir, die sich weder manipulieren noch in Frage stellen oder verunsichern lässt.

Versuche, diese Kraft in dir zu finden. Sie hat nichts mit Wut und Selbstgerechtigkeit und körperlicher Aggressivität gemein. Sie ist vielmehr dort zu Hause, wo dein Herz Frieden findet.

Kannst du dich einfach abwenden und weggehen, wenn jemand dich körperlich bedroht, auch wenn die anderen herumjohlen und dich der Feigheit bezichtigen? Kannst du dich mit einem Menschen befreunden, den sonst niemand mag, selbst wenn man sich deshalb über dich lustig macht? Kannst du einer Jugendgruppe entgegentreten, die einen Menschen hänselt, der sich nichts sehnlicher wünscht, als eben dieser Gruppe anzugehören? Das sind die täglichen Prüfungen, in denen ein junger Mann seine Stärke beweisen kann.

Kannst du die Freundin eines Freundes in Ruhe lassen, selbst wenn du sie begehrst? Kannst du einen Drink oder einen Joint ablehnen, wenn dir nicht danach ist? Kannst du dies alles freundlich und mit der nötigen Klarheit tun, ohne in Selbstgerechtigkeit zu verfallen?

Wenn du das kannst, dann bist du stark, viel stärker als jemand, der vielleicht körperlich kräftiger oder geschickter ist als du. Vergiss nicht: Stärke ist nicht gleich Kraft. Stärke ist vielmehr eine Eigenschaft des Herzens. Ihr Gegenteil ist nicht etwa Schwäche oder Angst, sondern Verwirrtheit, mangelnde Klarheit und Unentschlossenheit. Wenn du deinen Weg mit dem Herzen erkennen kannst und dir selbst in Augenblicken treu bleibst, in denen Zweifel sich deiner bemächtigen, dann und nur dann bist du stark.

Die Worte des Tao te king drücken es sehr schön aus: »Die einzig wahre Stärke ist jene Stärke, die keine Furcht auslöst.«

Stärke, die ihren Ursprung in Kraft und Gewalt hat, ist eine Stärke, vor der sich die Menschen fürchten.

Stärke, die ihren Ursprung in der Liebe hat, ist eine Stärke, nach der sich die Menschen sehnen.

Arbeit

Immer wieder höre ich Leute sagen: »Ich möchte mich selbst finden.« Doch in Wahrheit meinen sie: »Ich möchte aus mir selbst etwas machen.« Das Leben ist eine durch und durch schöpferische Erfahrung, und mit jeder Entscheidung, die wir treffen, gestalten wir unentwegt uns selbst.

Deshalb ist die Arbeit, für die wir uns entscheiden, so wichtig für unser Selbstwertgefühl und unser Wohlbefinden. Auch wenn wir uns einzureden versuchen, dass unsere Arbeit lediglich dem Gelderwerb dient, macht sie trotzdem das aus uns, was wir sind, weil sie einen Großteil unserer Zeit in Anspruch nimmt.

Vor etlichen Jahren beschloss ich, mir einen Namen als Bildhauer zu machen. Ich verdingte mich deshalb als Taxifahrer und erzählte meinen Bekannten: »Ich möchte einen Job machen, den ich unter gar keinen Umständen mit einem Beruf verwechseln kann.« Doch schon nach einem halben Jahr sprach ich wie ein Taxifahrer, dachte ich wie ein Taxifahrer, betrachtete die Welt mit den Augen eines Taxifahrers. Die Anekdoten, die ich erzählte, hatten mit meinem Job zu tun, meine Anschauungen über das Leben genauso. Ich verstrickte mich in die Betriebspolitik und machte mir die Gewohnheiten und den Lebensrhythmus zu Eigen, der mit regelmäßiger Nachtarbeit einhergeht. Doch auch wenn ich dann tagsüber an meinen Skulpturen arbeitete, gingen mir immer noch die Gedanken eines Taxifahrers durch den Kopf.

Ob es mir nun passte oder nicht – ich war zum Taxifahrer geworden.

Ähnliches widerfährt jedem, der einen Job annimmt. Selbst wenn man den Job hasst und innerlich Abstand hält, definiert man sich doch genauso – wenn auch negativ – durch die Tätigkeit. Und wenn wir unsere Zeit auf einen Job verwenden, geben wir ihm auch Raum in unserem Bewusstsein. Und so wird er unser Leben mit jener Wirklichkeit erfüllen, für die er steht.

Viele Leute ignorieren diesen Umstand. Sie entscheiden sich für einen Beruf, weil er aufregend oder finanziell lukrativ erscheint oder weil sie sich davon Sozialprestige versprechen. Sie verschreiben sich der Arbeit, doch unmerklich schleicht sich ein Gefühl der Ruhelosigkeit und Leere ein. Die Zeit, die sie ihrer Arbeit widmen, legt sich wie eine Last auf ihr Leben, und schließlich fühlen sie sich eingeschränkt und scheinen in eine unentrinnbare Falle geraten zu sein.

Sie reihen sich in die Legion jener Menschen ein, die – wie Thoreau einmal gesagt hat – ein Leben stiller Verzweiflung führen: unbefriedigt, unglücklich und unsicher, was sie tun sollen. Doch der Sirenengesang finanzieller Sicherheit und die Angst vor dem Unbekannten halten sie davon ab, ihr Leben aktiv zu verändern. Und so verschwenden sie ihre kostbarsten Energien darauf, den Status quo zu rechtfertigen und sich irgendwelchen Hobbys außerhalb der Arbeit zu widmen, von denen sie sich etwas Sinngebung erhoffen.

Aber solchen Bemühungen ist nie wirklich Erfolg beschieden. Wir sind, was wir tun, und je mehr wir es tun, umso mehr sind wir es auch. Der einzige Ausweg besteht darin, unser Leben oder die Erwartungen zu verändern, die wir an das Leben richten. Wenn wir aber unsere Erwartungen reduzieren, dann töten wir unsere Träume, und ein Mann ohne Träume ist bereits halb tot. Deshalb musst du deinen Beruf sorgfältig auswählen. Du darfst dich nicht in erster Linie von finanziellen Erwägungen oder von Prestigedenken leiten lassen, sondern solltest vielmehr überlegen, was deine Arbeit dir Tag für Tag, Stunde um Stunde und Minute für Minute abverlangt – und dir dann Klarheit darüber verschaffen, ob du deine Zeit so verbringen möchtest. Du magst den Wert einer Arbeit nicht mit dem Maßstab der Zeit messen wollen, doch die Zeit, die du mit deiner Arbeit verbringst, ist deine Lebenszeit.

Wenn du an einen Beruf denkst, sollte dir auch das Wort »Berufung« in den Sinn kommen. Mag dieser Begriff auch ein wenig geschwollen klingen, er beschreibt doch sehr gut, worum es bei jeder Arbeit im Grunde geht. Denn er besagt, dass die Tätigkeit, mit der wir einen Großteil unseres Lebens verbringen, etwas sein sollte, zu dem wir uns »berufen« fühlen. Sie sollte dem, was du bist und dem, was du der Welt sagen willst, Stimme verleihen.

Eine wirkliche Berufung drängt dich, sie zu erfüllen – sie ermöglicht die Entfaltung deines Leben. Das ist also etwas ganz anderes, als der Tausch von Arbeit gegen Geld. Das hat nicht einmal etwas mit Berufsbildung zu tun, denn diese bezeichnet lediglich die Kompetenz, mit der du für bestimmte Fachbereiche sprechen kannst.

Eine Berufung zieht uns unwiderstehlich zu einer bestimmten Tätigkeit – oder gibt uns zumindest das Gefühl, etwas Sinnvolles zu tun. Sie wählt eine Arbeit für uns aus, weil wir durch sie das ausdrücken können, worum es in diesem Leben geht. Ausschlaggebend ist nicht, wie viel Geld wir damit verdienen können oder wie wir durch sie in den Augen der anderen dastehen. Kurz: Folgen wir unserer Berufung, können wir lernen zu lieben.

Wenn du in dir eine echte »Berufung« entdeckst, dann leiste ihr von ganzem Herzen Folge. Nur wenigen Menschen ist dieses

Glück beschieden. Die meisten Menschen schielen bei der Suche nach dem richtigen Beruf nach dem falschen Siegespreis, und wenn sie gewonnen haben, halten sie etwas von geringem Wert in der Hand. Sie gewinnen vielleicht Geld oder Prestige, aber darüber verlieren sie ihr Herz. Und zu guter Letzt sind ihre Tage nichts anderes mehr als eine Verfügungsmasse, die sie gegen Geld tauschen – und sie beginnen zu verwelken und abzusterben.

Ich muss oft an einen Mann denken, mit dem ich einmal in Cleveland zu tun hatte. Er war in einer Autofabrik am Fließband beschäftigt. Seine Arbeit war ihm so verhasst, dass ihm schon das Aufstehen am Morgen unerträglich war. Ich fragte ihn, warum er seinen Job nicht kündige. »Ich hab nur noch dreizehn Jahre bis zur Rente«, entgegnete er. Und das war sein Ernst. Das Leben war ihm buchstäblich zwischen den Fingern zerronnen, und er wollte lieber weitere dreizehn Jahre in geistiger Todesstarre dahinvegetieren als die Sicherheit seines verhassten Jobs aufgeben.

Damals war ich vielleicht zwanzig Jahre alt. Ich war jung und frei. Ich wusste gar nicht, wovon der Mann überhaupt sprach. Es schien mir einfach unbegreiflich, dass das Leben einen Mann so niederschlagen konnte, dass er seine Zukunft, die er doch noch selbst in den Händen hielt, einfach vergeudete.

Heute verstehe ich ihn nur zu gut. Von der für die damalige Zeit sehr guten Bezahlung angelockt, hatte er sich für einen Job entschieden, der ihm innerlich keinerlei Befriedigung verschaffte. So lebte er – von Gehaltsscheck zu Gehaltsscheck – komfortabel abgesichert dahin und kaufte sich das Auto oder das Boot, von dem er schon immer geträumt hatte. Jedes Jahr stieg er ein wenig höher auf, weil Unternehmen Durchhaltevermögen belohnen.

Seine Bezahlung nahm von Jahr zu Jahr zu, sodass andere berufliche Tätigkeiten für ihn immer weniger in Frage kamen. Er richtete sich in einer Routine ein, die ihm den Lebensunterhalt finanzierte. Er heiratete, kaufte ein Haus, hatte Kinder und war plötzlich nicht mehr jung. Der Job, der ihm in seiner Jugend Freiheit verheißen hatte, erwies sich – je länger, desto mehr – als nervtötende Wiederholung. Jahr für Jahr wurde ihm seine Tätigkeit verhasster. Er hatte das Gefühl, an seiner Arbeit zu ersticken, doch er wusste keinen Ausweg. Er brauchte das Geld, um zu leben, und in keinem anderen verfügbaren Job hätte er ähnlich viel verdienen können. Die Sorgen, die er sich um das Wohlergehen und die Sicherheit seiner Familie machte, hielten ihn davon ab, in eine Welt auszubrechen, die alle Möglichkeiten bot, in der jedoch für die bloße Möglichkeit kein Geld bezahlt wurde. Und so gab er auf.

»Ich hab nur noch dreizehn Jahre bis zur Rente« – das erinnerte mich an einen Häftling, der die Tage bis zu seiner in weiter Ferne liegenden Entlassung zählt.

Die meisten Leute sind auf die eine oder andere Art in diesem Kreislauf gefangen. Denn nur allzu wenige nehmen sich in der Jugend die Zeit, sich über ihre Berufswahl und über die Beschäftigung, der sie den Großteil ihres Lebens widmen, wirklich Gedanken zu machen.

Freilich haben viele auch gar keine Wahl. Unter dem Druck ihrer allgemeinen Lebensumstände und ihrer finanziellen Verhältnisse und ohne qualifizierte Ausbildung entscheiden sie sich unter den gegebenen Bedingungen für die beste der realistischen Optionen. Vielen anderen aber ist nur der Blick getrübt. Sie jagen falschen Träumen hinterher und geraten in eine Falle, die sie hätten vermeiden können, wenn sie bei der Entscheidung für ihre Lebensarbeit mehr auf die Stimme ihres Herzens gehört hätten.

Aber selbst wenn du sorgfältig auf diese Stimme hörst, ist es noch immer schwierig, die richtige Wahl zu treffen. Allein durch Nachdenken kannst du nicht wirklich herausfinden, was du willst. Du musst eine mögliche Wahl vielmehr wirklich ausprobieren und feststellen, ob sie deinen Erwartungen tatsächlich entspricht. Dabei ist es wichtig, sich völlig auf die Arbeit einzulassen, bis du eins mit ihr bist. Erst dann kannst du entscheiden, ob sie zu dir passt oder nicht. Freilich haben nur wenige den Mut, das aufzugeben, was ihnen Sicherheit und Wohlstand bietet.

Doch es gibt keinen Grund, warum ein Mensch in seinem Leben nicht ein, zwei, drei oder noch mehr Berufe ergreifen sollte. Es spricht absolut nichts dagegen, einen Job aufzugeben, der uns nicht mehr gefällt, um es mit etwas ganz Neuem zu versuchen, das uns mehr am Herzen liegt. Natürlich gehen wir Risiken ein, müssen auf Verluste gefasst sein und bisweilen auch den Gürtel enger schnallen, wenn wir uns für diesen Weg entscheiden. Wer sein Selbstwertgefühl von seinem Job abhängig macht, muss unter solchen Umständen sogar mit einer Identitätskrise rechnen. Aber so viel Sicherheit kann es gar nicht geben, dass sie es wert wäre, das eigene Leben an einen Alltagstrott zu ketten, der uns all unserer Träume beraubt.

Überdies solltest du nie vergessen, dass deine Arbeitskraft für jene, die dir einen Job geben, lediglich eine Ware ist. Du wirst dafür bezahlt, dass du irgendwem von Nutzen bist. Wenn deine Dienste nicht länger gefragt sind, dann ist es ganz egal, wie ehrenhaft, fleißig oder engagiert du deine Arbeit ausgeführt hast. Man braucht dich nicht mehr, und du kannst gehen. Selbst wenn du all deine Energien in deinen Job investierst, ist deine Arbeit trotz alledem im Grund genommen nichts weiter als ein Bestandteil eines wirtschaftlichen Tauschaktes – und du bist nur solange von Wert, wie das, was du tust, unter dem Strich für andere einen Gewinn bringt. Das ist kein Zeichen mangelnder persönlicher Wertschätzung, sondern die Logik unseres Wirtschaftssystems.

Es lohnt sich deshalb nicht, dich an einen Job zu fesseln, der deine Lebensfreude erstickt. Der Job wird dich, wenn die Umstände es wollen, im Stich lassen. Ebenso kannst auch du den Job aufgeben, wenn die Umstände es erfordern. Der Mann, dem ich damals in Cleveland begegnete, hat seinen Job vielleicht noch ein Jahr vor der Rente verloren, weil der Betrieb in Konkurs ging. Vielleicht hat er seinen Pensionsanspruch wegen einer juristischen Klausel eingebüßt, von deren Existenz er all die Jahre nichts wusste. Ebenso gut kann er am Fließband tot zusammengebrochen sein, während er gerade einen Kotflügel montierte.

Einer meiner Professoren hatte von Jugend auf davon geträumt, später einmal Konzertpianist zu werden. Da er jedoch Angst hatte, es nicht zu schaffen, schlug er aus Gründen der sozialen und finanziellen Sicherheit die akademische Laufbahn ein. Als ich einmal mit ihm darüber sprach, dass mein Studium mir keine Freude mache, ging er zu seinem Klavier hinüber und nahm auf dem Hocker Platz. Er spielte ein wundervolles Glissando und brach dann abrupt ab. »Tun Sie, was Ihr Herz Ihnen sagt«, meinte er dann. »Ich wollte eigentlich Konzertpianist werden. Jetzt frage ich mich Tag für Tag, wie weit ich es wohl hätte bringen können.«

Sei auf der Hut, damit du dir nicht am Ende eines verfehlten Berufslebens die gleiche Frage stellen musst. Finde heraus, was dich wirklich im Herzen berührt, und dann tue es. Wähle, wozu deine innere Berufung dich drängt – suche dir nicht nur eine Arbeit. Dann wirst du in Frieden leben. Entscheidest du dich jedoch statt für deine Berufung nur für irgendeinen Job, dann wirst du dich eines Tages dabei ertappen, wie du sagst: »Ich hab noch dreizehn Jahre bis zur Rente«, oder: »Ich frage ich mich Tag für Tag, wie weit ich es wohl hätte bringen können.«

Keiner von uns hat ein solches Schicksal verdient.

Besitz

Es ist mir ein paar Mal so ergangen, aber am deutlichsten erinnere ich mich an Oregon.

Ich wohnte damals in einer kleinen Hütte rund fünfzig Kilometer von der nächsten Stadt entfernt und hatte meine Bedürfnisse so weit wie irgend möglich reduziert. All meine Besitztümer hätten auf dem Rücksitz eines Autos Platz gefunden. Was übrig geblieben war, war kostbar – der Ertrag früheren Tuns und früherer Entscheidungen. In diesen Dingen spiegelten sich meine Geschichte und meine Hoffnungen für die Zukunft – bedeutsame Erinnerungen an meine Vergangenheit und Utensilien, die ich brauchte, um weiterzukommen.

Briefe. Bücher. Eine Puppe, die eine Freundin für mich gemacht hatte. Meine Schreibmaschine. Eine Kamera. Eine Stereoanlage. Fotografien und Manuskripte und Tagebücher und Gedichte. Eine Schale, die ich besonders liebte, und ein paar Töpfe und Pfannen.

So wenig und doch so viel.

Als ich am Weihnachtsabend nach zweiwöchiger Abwesenheit in meine Hütte zurückkehrte, war nichts mehr da. Die Papiere waren zerrissen, die Schreibmaschine lag zertrümmert am Boden. Die Kamera und die Stereoanlage waren verschwunden, die Fotos beschmiert.

Die Scherben und Fetzen meines Lebens lagen wie Müll im ganzen Haus herum.

Die Eindringlinge hatten die Puppe zerrissen und in den Kohleofen geworfen. Jemand hatte darüber seinen Darm entleert.

Ich setzte mich nieder, stützte den Kopf in die Hände und weinte.

Natürlich war das eine überaus deprimierende Situation. Aber bisweilen präsentiert das Leben seine Offenbarungen in hässlicher Form. Dieser Akt des Vandalismus war das Beste, was mir in meinem ganzen Leben widerfahren ist.

Er war eine Befreiung. Ohne diesen Einbruch hätte ich es nie geschafft, mich auch nur von der Hälfte dieser Dinge zu trennen. Sie waren die Summe meines Lebens gewesen, ich hatte mich völlig mit ihnen identifiziert. Sie hatten meinem Leben Halt und Orientierung geboten.

Langsam, von Tag zu Tag, kam ich wieder auf die Beine. Die in den Briefen enthaltenen Erinnerungen waren noch in meinem Kopf gespeichert. Die Hände, die jene Puppe gemacht hatten, waren mir im Herzen gegenwärtig. Die Manuskripte gewannen in der Erinnerung sogar an Qualität, und ihr Verlust spornte mich zu neuen schöpferischen Unternehmungen an. Für die Bücher gab es Ersatz in der Bibliothek. Schließlich besorgte ich mir eine Stereoanlage – und eine Kamera.

Das Leben ging weiter, ungeachtet aller materiellen Verluste. Ich empfand sogar ein gewisses Gefühl der Leichtigkeit, das ich zuvor nie gekannt hatte.

Der Dieb erwies sich als grausamer Lehrer. Aber er hatte mir eine Lektion über die Bedeutung von Besitz erteilt. Deshalb schwor ich mir, dass künftig kein Ding »mein Besitzer« sein würde – sondern allenfalls ich der Besitzer der Dinge.

Gewiss eine harte Lektion, aber eine, die jeder von uns beherzigen sollte.

Sieh dich doch nur einmal um. Sieh dir die Dinge an, die du besitzt. Wie viele davon hast du in der vergangenen Woche benutzt? Wie viele davon haben in deinem Leben wirklich eine Bedeutung? Wie viele davon haben dir – von dem Augenblick des Erwerbs einmal abgesehen – wirklich Freude gemacht?

Vermutlich nicht sehr viele.

Wie viele davon könntest du bereitwillig weggeben?

Vermutlich nur sehr wenige.

Die meisten Dinge, die wir besitzen, gelangen fast zufällig in unser Leben. Hier ein Kauf. Da ein Geschenk. Wie Schneeflocken, die sich Schicht um Schicht ablagern, nehmen unsere Besitztümer unaufhörlich zu – bis sie die Basis unserer Identität bilden. Wir betrachten sie als unverzichtbaren Bestandteil unseres Lebens und setzen uns selbst mit dem gleich, was wir besitzen.

Immer wieder finden wir tausend Gründe, warum wir uns von diesen Dingen nicht trennen können. »Das hat mir ein besonders lieber Freund geschenkt.« »Das benutze ich ständig.« »Vielleicht könnte ich das eines Tages noch brauchen.« »Niemand sonst weiß das so zu schätzen wie ich.«

Wir haben aber auch jede Menge Gründe parat, warum wir solche Dinge nicht verkaufen können. »Ich würde dafür nie auch nur annähernd das bekommen, was es einmal gekostet hat.« »Das will doch ohnehin niemand haben.«

Ein ums andere Mal fallen uns Entschuldigungen ein, die letzten Endes auf eines hinauslaufen: »Das möchte ich behalten.« Wir wissen nicht einmal, warum.

Offenbar fällt es uns schwer zu begreifen, dass unsere Besitztümer Schmetterlingen gleichen, die sich in Raupen verwandeln. Sie kommen auf den Flügeln der Fantasie dahergeflattert. Sie gaukeln uns vor, sie könnten uns Freiheit und Glück schenken. Und wir glauben, sie hätten die Kraft, unser Leben zu verändern.

51

Wir richten all unsere Energie und unsere Erwartungen auf den Erwerb dieser Dinge – sie geben unserem Leben ein Ziel und einen Sinn. Wir werden regelrecht von einer Art Jagdfieber erfasst.

Wenn wir sie dann schließlich in unseren Besitz gebracht haben, versetzen sie uns kurzfristig in eine Hochstimmung. Danach macht sich allmählich wieder ein Gefühl der Leere in uns breit, und unser Besitzerstolz welkt unter unseren Händen rasch dahin.

Und so fängt alles wieder von vorn an, und wir entzünden unsere Begierde an einem neuen Objekt. Und abermals nehmen die Dinge ihren gewohnten Lauf.

So sammeln sich in unserem Leben allmählich immer mehr von jenen Dingen an, die einmal das Ziel unserer Träume gewesen sind. Wir fühlen uns durch ihre Gegenwart seltsam niedergedrückt. Wir müssen sie irgendwo verwahren, sie in Schuss halten, sie vor Dieben schützen. Wir müssen entscheiden, ob wir sie mit anderen teilen wollen. Wir sehen, wie sie älter werden und nicht mehr dem neuesten Stand der Technik entsprechen. Und so fangen wir insgeheim an zu überlegen, wie wir sie durch etwas Besseres ersetzen könnten. Jedenfalls sind wir im Geist unentwegt mit ihnen beschäftigt.

Wenn wir sie dann eine Weile besessen haben, sind sie Bestandteil unseres Lebens geworden. Und eines Tages wachen wir auf und entdecken, dass wir von lauter Dingen umgeben sind, die uns nichts bedeuten, die wir aber auch nicht wegwerfen können. Sie hängen uns wie Mühlsteine am Hals. Unsere Freiheit ist dahin. Die Leichtigkeit des Seins ist dahin. Unser Sinn für kreative Erfahrungen ist dahin. Stattdessen belastet uns das Gefühl, verantwortlich zu sein und zu besitzen. Wir sind zu Museumswärtern unserer eigenen voll gestopften Wirklichkeit geworden.

Wir sehnen uns nach Freiheit, aber wir haben verlernt, was Freiheit bedeutet. Die Flügel unserer Fantasie sind erlahmt. Unser Lebensgefühl ist von bleierner Schwere gekennzeichnet, wir sind an die Erde gefesselt wie Steine.

Aber was können wir tun? Der Verzicht auf weltliche Besitztümer bringt uns im Regelfall auch nicht mehr Weisheit und Klarheit – es sei denn, wir würden wie Diogenes in den Tag hineinleben oder uns einem asketischen Lebenswandel verschreiben. Ein Verzicht auf Besitz würde gar dazu führen, dass wir uns andauernd mit unserer Armut beschäftigen – was um keinen Deut besser ist als die zwanghafte Fixierung auf materiellen Besitz. Weder ein vom Gedanken an seine Armut Besessener noch der auf seine Reichtümer Fixierte ist für andere Menschen von Nutzen.

Deshalb müssen wir einen Maßstab für den Wert unseres Besitzes finden, damit wir uns von seinem Gewicht befreien können, ohne seine relative Bedeutung zu leugnen.

Ein Kriterium hierfür ergibt sich aus der Beantwortung der folgenden Frage: Hilft mir ein in meinem Besitz befindliches Ding dabei, anderen Menschen von Nutzen zu sein? Verleiht seine Schönheit oder Nützlichkeit meinem eigenen Sein einen höheren Sinn oder verbessert es meine schöpferische Kraft?

Dieser Test ist natürlich nicht ohne Fallstricke. Denn er verlangt ein hohes Maß an Aufrichtigkeit. Aber vielleicht muss das so sein. Alle Versuche, die Welt mit absoluten Werten zu beglücken, sind – so nobel im Einzelnen auch die Motive gewesen sein mögen – immer wieder fehlgeschlagen.

Wer bin ich, dass ich sagen könnte, ein plastischer Chirurg, der die Gesichter von Kindern operiert, die durch einen Unfall oder genetische Missbildungen zerstört wurden, verrichte seine Arbeit nicht besser, weil er jeden Tag komfortabel und geräuscharm im Mercedes zur Arbeit fährt? Sollte ich mir wünschen, dass er mit ausgestreckter Hand an irgendeiner Straßenecke kauert, besessen von dem Wunsch, seinen leeren Magen zu füllen, zu schwach, um je etwas für andere zu tun? Oder sollte ich ihm zwar seine chirurgischen Fertigkeiten belassen, ihn aber in einen preiswerteren Wagen zwingen und ihm Vorträge über seine auffälligen Konsumgewohnheiten oder die Verschwendung von Ressourcen halten?

Der Chirurg in seinem Mercedes leistet der Welt nach seinem eigenen Verständnis gute Dienste. Auch wenn mir mein Gefühl etwas anderes sagt, steht es mir nicht zu, über ihn zu urteilen. In einer Welt, in der Kinder den Müll nach Essbarem durchsuchen und Menschen auf der Straße verhungern, gibt es gewiss viele Leute, die auch meinen Lebensstil kritisieren würden.

In einer vollkommenen Welt würden wir vielleicht alle die Zusammenhänge deutlicher erkennen. Aber wir leben nun einmal nicht in einer vollkommenen Welt, und es ist schon genug, darauf zu hoffen, dass wir alle unsere Talente zum Wohle des Ganzen einsetzen und jene Balance zwischen Habgier und Wohltätigkeit finden, die es uns gestattet, zu leben und uns zu entwickeln und unserer Umwelt von Nutzen zu sein.

Die Motive des Chirurgen sind vielleicht nicht lauter und am Gemeinwohl orientiert. Vielleicht braucht er ein protziges Auto, um seinen Erfolg kundzutun. Vielleicht hilft ihm sein Wagen aber auch, sich besser auf die Arbeit zu konzentrieren, die er zu leisten hat. Wenn er jedoch in seinem beruflichen Umfeld von Nutzen ist, dann bildet die Leistung, die er für andere erbringt, ein Gegengewicht zu seinem Eigeninteresse, dann hilft er dabei, das Rad des Lebens in eine Richtung zu drehen, die auch für andere von Vorteil ist. Mag sein, dass mir das nicht ausreichend erscheint, aber in diesem Fall sollte ich vielleicht doch zuerst vor meiner eigenen Türe kehren. Der Chirurg muss vor seinem Gewissen verantworten, was er tut, und ich vor meinem.

Auch du musst dich mit diesen Fragen vor deinem eigenen Gewissen auseinander setzen. Du befindest dich jetzt in einer Phase deines Lebens, in der das Ringen um eine eigene Identität titanische Anstrengungen erfordert, und das Bedürfnis, in den Augen anderer Menschen möglichst vorteilhaft auszusehen, wie Feuer brennt. Doch hilft dir der Besitz der neuesten oder besten Konsumartikel wirklich dabei, dich zu einem Menschen zu entwickeln, der für seine Mitmenschen von Wert ist? Steckt hinter dem Wunsch nach einem bestimmten Auto oder bestimmter Kleidung wirklich mehr als das Verlangen, sich selbst in einem eindrucksvollen Licht zu präsentieren, um den eigenen Status zu verbessern?

Ich bin mir natürlich bewusst, dass diese Dinge für junge Leute sehr wichtig sind. Und natürlich ist Selbstachtung die Voraussetzung dafür, dass ein junger Mensch in seinem späteren Leben etwas dem Gemeinwohl Förderliches zu leisten vermag. Ebenso wichtig aber ist, dass du dich nicht von den Marketingstrategen manipulieren lässt, denen von Berufs wegen daran gelegen ist, dass du immer mehr und immer teureren Besitz anhäufst. Diese Leute sind das Sprachrohr der Einflüsterungen, die dir weismachen sollen, dass dein Glück in der Zukunft zu Hause ist und die nächste Anschaffung deinem Leben neuen Sinn verleiht.

Du darfst dich von ihrem Marktgeschrei nicht überrumpeln lassen. Halte dich lieber an die alte Weisheit, dass du deinen Besitz umso höher zu schätzen weißt, je weniger du davon hast – und dass es mehr Befriedigung verschafft, Dinge mit anderen zu teilen, als sie für sich allein anzuhäufen.

Auch solltest du dich bisweilen fragen, ob der Besitz bestimmter Dinge aus dir einen besseren Menschen macht – einen Mann, der mit anderen teilen, der geben kann und der bereit ist, Gutes zu tun in einer Welt, die dessen so dringend bedarf. Wenn eine teure Jeans das bewirkt, dann sei's drum. Wenn du aber feststellst, das sei dir nur möglich, wenn du bei jedem neuen Modetrend eine teure Jeans kaufst, dann verbirgst du vor dir selbst die Motive, von denen du dich in Wahrheit leiten lässt. Unter solchen Umständen überantwortest du dich kritiklos jenen Kräften, die einzig daran interessiert sind, dir vorzumachen, dass es in deinem Leben, so wie es ist, an etwas fehlt.

Wir alle – dich und mich und den Chirurgen im Mercedes eingeschlossen – sollten uns selbst ehrlich über unsere Motive Rechenschaft ablegen. Du musst dir darüber im Klaren sein, dass es einen Unterschied gibt zwischen dem, was nötig ist, damit wir in der Welt von Nutzen sein können, und dem, was du begehrst, um dein Prestige zu steigern oder um dich von den Realitäten des Lebens abzuschotten.

Ich kann nur hoffen, dass du aufmerksam in dich hineinhorchst, wenn du beginnst, einen eigenen Standpunkt zu suchen und Besitz anzuhäufen. Dass du dich nicht von blindem Verlangen leiten lässt, wenn du über den Wert des Besitzes nachdenkst, mit dem du dich umgibst.

Ich möchte, dass du weißt: Die Jagd nach den meisten Dingen ist nichts als eine Jagd. Denke deshalb über die Objekte deiner Begierde gründlich nach, bevor du in ihre Anschaffung Zeit und Energie investierst.

Ich möchte, dass du weißt: Besitz hat mehr Menschen unglücklich als glücklich gemacht. Denn die Dinge, die du besitzt, setzen dir gleichzeitig Grenzen und verwehren dir den Zugang zu den Wahlmöglichkeiten, die das Reisen mit leichtem Gepäck bietet.

Ich möchte, dass du weißt: Dinge, die man besitzt, verwandeln sich, sobald man sie einmal in den Händen hält – einem Chamäleon gleich –, aus Traumgegenständen in Verpflichtungen. Sie zwingen dich, deine zum Himmel gerichteten Augen zu senken und den Blick nüchtern auf die Erde zu richten.

Und ich möchte, dass du weißt: Besitztümer, die dein eigenes Leben angenehmer machen, sind nichtig im Vergleich zu den Dingen, die anderen Menschen um dich herum das Leben erleichtern.

Vor allem aber möchte ich, dass du eines weißt: Die Dinge, die du besitzt, nehmen – je länger, desto mehr – den Charakter an, den du ihnen gibst. Wenn sie deine Fähigkeit steigern, anderen etwas zu geben, sind sie gut. Bewirken sie hingegen, dass du ausschließlich um dein eigenes Wohl besorgt bist und andere Leute danach beurteilst, ob sie ähnliche materielle Voraussetzungen erfüllen wie du selbst, dann sind sie schlecht. Es liegt in deiner Hand, ihnen eine positive Bedeutung zu geben.

In gewissen Abständen solltest du in deinem Leben überdies aufräumen. Verschenke die Dinge, die du nicht brauchst. Mache eine lange Reise, und nimm nur ein einziges Gepäckstück mit. Tue irgendetwas, was dir in Erinnerung ruft, dass die meisten Dinge, die du für wichtig hältst, in Wahrheit nichts als dekorative Anhängsel deines wahren Wesens sind.

Verschaffe dir Klarheit über die wenigen Sachen, die dir wirklich helfen zu leben. Bewerte sie danach, ob sie es dir leichter machen, anderen etwas zu geben. Und vergiss nie, dass du dir selbst die Flügel stutzt, wenn du Besitztümer nur aus Habgier anhäufst.

Andernfalls müsste ein Dieb nachts in deine Wohnung einsteigen, um dich wieder zu befreien. Und das wünsche ich dir wahrlich nicht.

Das Wunder des Gebens

Während ich dies schreibe, rückt Weihnachten immer näher, meine Lieblingszeit im Ablauf des Jahres. Denn in der Weihnachtszeit zählen wir unser Geld einmal nicht, um uns selbst in materieller Sicherheit zu wiegen, sondern um festzustellen, wie viel wir geben können. In diesen wenigen Wochen ist es uns darum zu tun, andere glücklich zu machen und uns an ihrer Freude zu erfreuen.

Die Lektion ist so einfach und doch so schnell wieder vergessen.

Sobald der Heilige Abend vorüber ist, verwandeln wir uns sogleich wieder in Nehmer, die ihr Glück danach bemessen, was sie für sich selbst anhäufen können. Nur wenige Tage zuvor bewerteten wir unser Leben noch nach der Freude, die wir anderen Menschen bereiten konnten. Doch dann fallen wir sogleich in die Gewohnheit zurück, die Bedeutung all unseres Tuns danach zu bemessen, was es uns selbst an Vorteilen bringt.

Was für eine traurige Verwandlung. Wie können wir nur so schnell vergessen? Immerhin gehört das Geben zu den schönsten und wohltätigsten Dingen, die wir überhaupt tun können. Das

Geben ist ein Wunder, das noch das traurigste Herz in einen Ort der Wärme und Freude verwandeln kann. Wer aufrichtig gibt, sei es Geld, Zeit, Interesse oder was auch immer, der öffnet sich. Das Geben erfüllt den Schenkenden und erwärmt das Herz des Beschenkten. Etwas Neues entsteht, wo zuvor Leere war.

Doch seltsamerweise vergessen wir das immer wieder. Denn offenbar fühlen wir uns instinktiv dazu gedrängt, unser Augenmerk fast ausschließlich auf den Erwerb und die Ansammlung von Dingen für uns selbst zu richten. Die Anhäufung von Status, Geld oder Anerkennung gilt uns als Möglichkeit, uns selbst und unsere Angehörigen sozial abzusichern, und als gerechte Belohnung für die schwere Arbeit, die wir leisten. So errichten wir Stück für Stück Sicherheitswände um uns herum, und bald sind uns nur noch jene Dinge lieb und teuer, deren Verlust uns etwas bedeutet. Das Geben nimmt somit den Charakter einer ökonomischen Transaktion an. Das, was ich verschenke, muss ich von mir selbst abziehen. Und so werden noch die kleinsten Geschenke auf der Waage des Eigeninteresses abgewogen.

Selbst wenn wir uns anderen zuwenden und etwas von uns geben, erwarten wir noch deren Aufmerksamkeit und Lob. Unser eigentliches Motiv ist also die Anerkennung, die wir zurückbekommen, und nicht der reine – freudige – Wunsch, uns für die Bedürfnisse der anderen zu öffnen. Wir sind im Gefängnis unseres Eigeninteresses gefangen und übersehen dabei nur zu leicht: Unserer menschlichen Entwicklung und unserem Glück wäre genau jenes Verhalten förderlich, das uns so überaus schwer fällt.

Die einzige Möglichkeit, aus diesem Gefängnis auszubrechen, besteht darin, uns zu öffnen und von uns etwas zu geben.

Jedes Jahr an Weihnachten leihe ich mir ein Kostüm und gehe als Weihnachtsmann verkleidet durch die Straßen, um mir diese Zusammenhänge in Erinnerung zu rufen. Wer eine solche Verkleidung trägt, hat wenig Aussichten, sich durch die Dankbarkeit und Schmeicheleien der Beschenkten aufgewertet zu fühlen.

60

Niemand weiß, wer ich bin. Ich bin ganz einfach der Weihnachtsmann, der schöne Dinge verschenkt.

Ich besuche Altenheime, Grundschulen, Krankenhäuser. Ich bleibe stehen und unterhalte mich auf Parkplätzen mit Kindern und beschenke bedürftige Leute. Eltern stecken mir Notizen zu und tragen mir ihre Anliegen vor. Manche wünschen, dass ich ihre Kinder von der Realität des Weihnachtsmannes überzeuge, andere möchten, dass ich mich ihrem Kind besonders zuwende.

Einmal nahm mich ein jüdisches Ehepaar beiseite und bat mich, mit ihrem kleinen Jungen zu sprechen. Der kleine Kerl war das einzige jüdische Kind seines Kindergarten-Jahrgangs. Er dachte, dass der Weihnachtsmann ihn wegen seiner jüdischen Herkunft nicht beachten würde. Deshalb hatte er Angst vorzutreten, wenn der Weihnachtsmann den Kindergarten besuchte. Ich setzte mich zu ihm und seinen Eltern, und wir sprachen über Chanukka, das jüdische Fest der Wintersonnenwende, und über das Schenken. Am Ende umarmte er mich und sagte, dass er sich in Zukunft nicht mehr vor dem Weihnachtsmann fürchten werde: theologisch gesehen vielleicht etwas unorthodox, aber dafür menschlich gewiss ein Gewinn.

Meine Rolle als Weihnachtsmann kostet mich Zeit und Geld und bringt bisweilen auch Ärger mit sich. Einmal fuhren mir zwei junge Leute in den Wagen; sie hatten eine rote Ampel übersehen. Natürlich konnte ich sie nicht der Polizei melden, das hätte an Heilig Abend nun wirklich nicht zu einem Weihnachtsmann gepasst. Aber auch wenn ich mir dadurch bisweilen Schwierigkeiten einfange, werde ich ganz sicher nie aufhören, den Weihnachtsmann zu spielen. Schließlich bekomme ich sehr viel dafür zurück.

Menschen, denen es vornehmlich um die Anhäufung von Besitz geht, werden das niemals verstehen. Vielleicht finden sie mein Verhalten durchaus lobenswert. Vielleicht sagen sie sogar: »Das verschafft Ihnen bestimmt ein gutes Gefühl.« Doch sie begreifen nicht, dass es mit dem guten Gefühl allein nicht getan ist. Denn Geben heißt, aus dem Nichts etwas Gutes zu schaffen. Es setzt etwas Gutes in die Welt, wo vorher gar nichts war.

Geben ist eine Art Schöpfungsakt. Wenn du etwas von dir gibst, entsteht etwas völlig Neues. Zwei Menschen, die noch Augenblicke zuvor in den getrennten Welten ihrer privaten Interessen gefangen waren, begegnen sich unversehens in diesem schlichten Akt des Teilens, und zwischen ihnen flammt wie aus heiterem Himmel Zuneigung und Freude auf. Die Welt erscheint plötzlich weiter und ein wenig besser, und ein kleines Wunder geschieht.

Du solltest dieses Wunder niemals unterschätzen. Zu viele gute Leute meinen, sie müssten es Mutter Teresa oder Albert Schweitzer gleichtun oder aber den Nikolaus spielen und tolle Sachen machen, um als Gebende zu gelten. Dabei übersehen sie die kleinen Akte der Herzlichkeit, die man fast überall und gegenüber jedermann praktizieren kann.

Versuche es selbst einmal. Mach es dir einfach, wenn dir danach ist. Sage »Hallo« zu jemandem, den sonst alle ignorieren. Biete einem Nachbarn an, ihm den Rasen zu mähen. Halte mit dem Wagen an, und hilf jemandem, der eine Panne hat.

Oder tue noch etwas mehr. Kaufe einen Blumenstrauß, und gib ihn in einem Altenheim an der Rezeption ab. Nimm zehn Dollar aus deiner Tasche, und schenke sie einem Fremden auf der Straße, der sie brauchen könnte. Lächle dabei, und gehe einfach weiter – ohne Herablassung und ohne Großzügigkeitsgetue. Gib dem anderen ganz einfach das Geld, lächle, und gehe weiter.

Schritt für Schritt wirst du so allmählich das Wunder verstehen lernen. Du wirst Einblicke in das ungeschützte menschliche Herz erhalten, du wirst immer wieder einmal ein aufrichtig glückliches Lächeln zu sehen bekommen, und du wirst menschlicher Wärme an Orten begegnen, wo du sie niemals für möglich gehalten hättest. Und so wirst du ganz allmählich einen Blick für das entwickeln, was wir alle gemeinsam haben, und du wirst das Trennende zwischen uns nicht mehr so hoch bewerten.

Binnen kurzem wirst du außerdem entdecken, dass wir alle die Macht haben, durch schlichte Akte der Fürsorge und des Mitgefühls andere Menschen zu beglücken. Du wirst spüren, dass wir die Macht haben, im Herzen anderer Menschen Güte zu entfachen, indem wir ihnen selbst mit Güte begegnen.

Und, was am wichtigsten ist: Du wirst entdecken, dass auch andere bereitwillig geben. Egal, wo du lebst oder wohin du auch reist, ob du ihre Sprache sprichst oder ihren Namen kennst – du wirst sie einfach sehen und eins mit ihnen werden, denn Menschen dieser Geisteshaltung erkennen sich gegenseitig. Du wirst sehen, wie sie sich in ganz alltäglichen Situationen verhalten, du wirst wissen, was das zu bedeuten hat, und sie werden das Gleiche umgekehrt auch an dir erkennen. Ihr werdet einander nahe stehen. Und du wirst jenem Teil der Menschheit angehören, der anderen Vertrauen entgegenbringt, der mit anderen teilen kann und den Mut hat, das eigene weiche Herz zu offenbaren.

Bist du erst einmal ein Gebender geworden, dann bist du nie mehr allein.

7 Geld und Reichtum

Geld regiert die Welt. Du kannst die Meinung vertreten, das sei falsch. Du kannst damit hadern. Du kannst behaupten, diese Tatsache lasse dich völlig kalt. Du kannst alle moralischen und intellektuellen Verrenkungen anstellen, die dir in den Sinn kommen. Aber wie man es auch dreht und wendet, das Geld steht im Zentrum unseres Anspruchs auf ein menschenwürdiges Dasein.

Trotzdem ist Geld nicht von zentraler Bedeutung. Es hat nichts mit jenen dauerhaften Werten zu tun, die das Leben erst eigentlich lebenswert machen.

Und da stehen wir schon vor einem Dilemma. Wie können wir uns mit etwas versöhnen, das zwar nicht wichtig ist, andererseits jedoch im Mittelpunkt unseres Lebens steht?

Ich habe schon viele verschiedene Leute kennen gelernt, die ganz unterschiedliche Methoden entwickelt haben, mit Geld umzugehen. Ich habe billigen Wein mit Obdachlosen getrunken, die nicht mehr als ein paar schmierige Münzen oder Scheine in ihren Hosentaschen mit sich herumtrugen. Ich habe mich halbe Nächte mit Börsenmaklern unterhalten, die über immense Summen verfügten, jedoch nie eine Münze oder einen Geldschein angefasst haben. Ich habe wohl situierte Leute beobachtet, die aus Angst vor Armut nicht einmal einen Pfennig freiwillig weggeben konnten, und arme Leute, die offenbar immer genug hatten, um auch noch anderen etwas zu geben. Ich habe wohltätige Reiche erlebt und kriminelle Arme, Betrüger und Heilige.

Und sie alle haben eines gemeinsam: Ihr Umgang mit Geld hängt einzig davon ab, wie sie über Geld denken, und nicht davon, wie viel Geld sie besitzen.

Das ist wichtig. Für sich genommen ist Geld nur ein hartes Faktum – entweder man hat es oder man hat es nicht. Aber auf der emotionalen, der psychologischen Ebene, ist Geld die reinste Fiktion. Es wird zu dem, wozu wir es machen.

Stelle dir einmal zwei Männer vor. Der erste lässt sich in allem, was er tut, von seinen Begierden leiten – von dem, was die Werbung ihm vorgaukelt und was er zu seinem Glück unbedingt zu brauchen glaubt. Er hat eine Art innere Buchhaltung, die ihm sagt, wie viel Geld er benötigt, um sich seine Wünsche zu erfüllen. Und er fühlt sich arm, solange er diesen Betrag nicht auf der hohen Kante hat.

Für den Augenblick wollen wir einmal außer Acht lassen, dass die Erfüllung all dieser Bedürfnisse ihn vermutlich nicht glücklich machen wird. Das ist eine andere Geschichte. Auf der emotionalen Ebene fühlt dieser Mann sich solange arm, bis er den Abstand zwischen seinem Ist-Zustand und seinen Wunschvorstellungen mit so viel Geld überbrückt hat, wie nötig ist, um seine Fantasien zu verwirklichen. Er kann sogar Millionär sein. Wenn seine Wünsche nur mit Milliarden zu erfüllen sind, ist er nach seiner eigenen Vorstellung arm.

Der andere Mann, für den Geld nur ein Mittel ist, um den eigenen Lebensunterhalt recht und schlecht zu bestreiten, ist schon zufrieden, wenn er einen Dollar mehr in der Tasche hat, als er unbedingt braucht. Er fühlt sich schon beinahe reich, wenn er auch nur zehn Dollar mehr als nötig besitzt. Für ihn hängt das

Glück nicht von der Erfüllung möglichst kostspieliger Bedürfnisse ab. Deshalb muss er seine finanzielle Ausstattung auch nicht danach beurteilen, ob sie ihm die Befriedigung extravaganter Wünsche ermöglicht. Er hat lediglich ein bisschen Geld übrig, mit dem er anfangen kann, wozu er gerade Lust hat. Vielleicht verwendet er seinen Überschuss dazu, um jemanden zu beschenken. Oder aber er wirft sein Geld in die Luft. Er kann tun, wozu er gerade Lust hat, weil er sich mit dem Geld, über das er verfügt, sicher fühlt.

Der Hauptunterschied zwischen diesen beiden Männern besteht nicht in ihrem tatsächlichen Kontostand. Er beruht vielmehr auf ihrer gegensätzlichen Einstellung zum Geld. Vielleicht verfügen die beiden über exakt die gleiche Summe. Aber der Mann, der seinen Reichtum danach bemisst, wie viele Wünsche er sich damit erfüllen kann, wird nie glücklich sein, weil die Befriedigung des einen Wunsches bereits den nächsten erzeugt. Der Mann hingegen, der seinen Reichtum an seinem greifbaren Bedarf misst, kann selbstbestimmt leben, weil er seine Wünsche kontrolliert. Das, was dann noch übrig bleibt, dient ihm lediglich dazu, sich selbst oder anderen ein wenig Freude zu bereiten.

Doch diese einfache Gleichung hat auch ihre dunkle Seite. Es gibt bestimmte lebensnotwendige Bedürfnisse – Essen, Wohnung, Kleidung und bisweilen einige schöne Stunden der Erholung. Wenn du nicht genug Geld zusammenbringst, um diese Bedürfnisse zu befriedigen, ist es mit deinem Seelenfrieden vorbei. Selbst ein Mensch, der seine Ausgaben auf ein Minimum beschränkt hat, wird äußerst bedrückt sein, wenn er für sich selbst und seine Angehörigen nicht genug zu essen hat. Wer nicht genug zum nackten Überleben besitzt, für den rückt das Geld in das Zentrum des Daseins, weil er unentwegt diesen Mangel verspürt und von Verzweiflung und Wut umgetrieben wird.

Wenn du an diesen Punkt gelangst, was dir hoffentlich nie widerfahren wird, dann musst du dich über deine Verzweiflung

und Wut erheben, denn nur wenige Menschen bringen dafür
Verständnis auf und noch weniger wollen damit etwas zu schaffen haben. Menschen, die etwas besitzen, können nie nachempfinden, wie es ist, nichts zu haben. Selbst wenn sie irgendwann
einmal nichts gehabt haben, erinnern sie sich nur an ihre Be-
drückung; sie können sich jedoch meistens nicht mehr in das
mit totaler Armut verbundene Gefühl blinder Verzweiflung und
Wut hineinversetzen. Jene, denen dieser Zustand erspart geblieben ist, haben nicht die geringste Ahnung von den Kräften, die
einen völlig mittellosen Menschen umtreiben. Sie sehen lediglich
einen wütenden, verzweifelten Mann, und mit solch einer Person wollen die meisten nichts zu tun haben, geschweige denn,
ihr helfen.

Wer aufgrund bedrückendster Armut von Wut und Verzweiflung erfüllt ist, muss sich deshalb über diese Gefühle erheben
und Hoffnung ausstrahlen. Er muss sein Selbstwertgefühl und
den Glauben wiederfinden, dass er sich aus seiner Notlage befreien kann und wird. Dann muss er sich öffnen und diesen
Glauben auch jenen vermitteln, die möglicherweise bereit sind,
ihm zu helfen.

Vergiss nicht, dass die Welt voller verzweifelter Menschen ist.
Selbst Leute, die helfen möchten, können nur in begrenztem
Umfang geben. Und sie werden auf das reagieren, was sie sehen.
Wenn sie einen hungrigen Menschen sehen, werden sie ihm zu
essen geben. Wenn sie einen wütenden Mann sehen, werden sie
ihm entweder aus dem Weg gehen oder aber versuchen, ihn zu
besänftigen. Wenn sie einen Mann sehen, der etwas aus sich machen könnte, werden sie versuchen, ihm dabei zu helfen, etwas
aus sich zu machen.

Wenn du also einmal ganz unten sein und Hilfe brauchen solltest, musst du wie ein viel versprechender, nicht wie ein wüten-
der oder hungriger Mann erscheinen. Deine Verzweiflung und
Bedürftigkeit werden den Leuten nur unangenehm sein, und sie

werden dir gerade so weit helfen, wie nötig ist, um etwaige Schuldgefühle abzuwehren. Wenn du jedoch daran glaubst, dass du etwas zu bieten hast, werden die Leute dich eher unterstützen, weil es den meisten Spaß macht, anderen dabei zu helfen, die eigenen Fähigkeiten zu nutzen.

Und vergiss eines nicht: Im Kampf gegen die mit der Armut verbundene Verzweiflung gibt es nur einen Freund, und der heißt Arbeit. Eine milde Gabe ist zwar ebenfalls hilfreich, aber nur für den Augenblick. Sie verringert weder deine Wut noch deine Machtlosigkeit. Arbeit – und zwar jede Arbeit – dient der Wiederherstellung jenes Selbstwertgefühls, das die Verzweiflung zu vernichten droht. Wie unbedeutend sie auch sein mag: Durch Arbeit schaffst du die Voraussetzungen für einen neuen Entwicklungsschub. Sie bildet eine Plattform, auf der du stehen kannst, während du nach höheren Zielen greifst.

Solltest du also je unter der Last bitterer Armut zu leben haben, halte nicht Ausschau nach Geld. Suche dir vielmehr eine Arbeit. Das Geld kommt dann von ganz allein, und die Wut und die Verzweiflung, die dich im Würgegriff halten, werden allmählich von dir abfallen. Dann kannst du das Geld wieder aus dem Zentrum deines Daseins verdrängen – und ihm wieder den angemessenen Platz als Mittel zur Gewährleistung eines sinnvollen Lebens zuweisen.

Begehe aber nicht den Fehler zu glauben, nur bedrückende Armut könnte das Geld in das Zentrum deines Denkens und Trachtens rücken. Leute, die Geld anhäufen, um sich vor der Tyrannei der Armut zu schützen, stellen häufig bald fest, dass das Geld die Reichen genauso in den Würgegriff nimmt wie die Armen.

Selbst wenn du kein Interesse an Geld hast – und es dir nur wünschst, damit du dir keine Sorgen darüber zu machen brauchst –, sobald du davon einmal eine gewisse Menge angehäuft hast, verschaffen sich plötzlich ganz eigene Gesetze Geltung. Geld wirft Zinsen ab. Deshalb musst du dir überlegen, wie

69

du es anlegst. Je nachdem, wie viel Ertrag dein Geld abwirft, musst du Steuern zahlen. Dein Geld beginnt ein Eigenleben zu führen. Es entwickelt Wurzeln und Triebe und ist wirtschaftlichen Kräften unterworfen, von denen gewöhnliche Zeitgenossen kaum je etwas mitbekommen. Du musst es pflegen wie ein Gärtner, und so spielt es in deinem Denken wieder eine zentrale Rolle, obwohl du geglaubt hast, dass du es nur deshalb anhäufst, damit du dir keine Sorgen darüber zu machen brauchst.

Wie aber sollte man dann mit Geld umgehen? Wie kannst du es vermeiden, entweder der Tyrannei der Armut oder des Reichtums zum Opfer zu fallen?

Es gibt dafür keine einfachen und klaren Regeln. Aber es gibt ein paar Leitlinien, die du nicht aus den Augen verlieren solltest.

Erstens: Sowohl das Armsein wie das Reichsein will gelernt sein.

Unser finanzielles Schicksal hängt von vielen Unbekannten ab. Und so kann irgendein dummer Umstand uns jederzeit einen Strich durch die Rechnung machen. Falls dies geschieht, landen wir in Armut. Wenn du auch in Armut mit Würde und Anmut zu bestehen weißt, dann kann nur eine absolute finanzielle Katastrophe deinen Seelenfrieden stören.

Wer weiß, was es bedeutet, arm zu sein, entwickelt einen unbeirrbaren Instinkt für den Unterschied zwischen dem Wesentlichen und dem nur Wünschenswerten. Er weiß, wie er mit dem Leben zurechtkommt. Er weiß, wie er die Dinge, die er unbedingt braucht, in Stand halten kann, wie er klug und günstig einkauft, dass er auf Anschaffungen verzichten muss, wenn die Mittel dazu nicht reichen und wie auch die einfachen Dinge des Lebens Freude bereiten können. Er lässt sich nicht von dem verrückt machen, was er nicht hat, ist vielmehr mit dem wenigen zufrieden, was er besitzt. Er weiß, wie man stilvoll und schöpferisch leben kann, auch wenn man das Geld nicht in das Zentrum des Daseins stellt.

70

Das Wissen um diese Dinge ist zwar stets von Bedeutung, aber unverzichtbar wird es, wenn man einmal in Armut gerät und gezwungen ist, sich irgendwie durchzuschlagen. Menschen, die nie gelernt haben, arm zu sein, verhalten sich auch in einer solchen Situation noch immer, als ob sie gar nicht arm wären. Sie spielen eine Rolle, sie pumpen sich Geld, sie führen ein Leben des falschen Scheins.

In ihren Augen ist die Armut nichts als ein Defizit. Sie sehen nicht die positiven Seiten dieses Zustands und nicht die Lernchancen, die damit einhergehen. Sie betrachten ihre Armut nicht als eine Gelegenheit, teilen zu lernen oder das Bedeutungsvolle

von dem Belanglosen in ihrem Leben zu unterscheiden. Wenn Armut in ihr Leben tritt, tun sie alles, um sich vor ihrer eigenen Bedürftigkeit zu verbergen und diese vor ihren Mitmenschen. Ihr Geld ist ihre Identität, und der Verlust ihres Geldes kommt für sie dem Verlust ihrer selbst gleich.

Wenn du gelernt hast, die Armut anzunehmen, falls sie einmal kommt, so verschafft sie dir größere Klarsicht, macht dich stärker und hilft dir dabei, dich auf deine ureigenen Stärken zu besinnen. Sie wird dich zudem für die einfachen Gaben des Lebens empfänglicher machen und durch diese Wertschätzung dein gesamtes Selbstverständnis positiv verändern. Aber zuvor musst du lernen, nach den Regeln der Armut zu leben. Du musst lernen, jene Beschränkungen anzunehmen, die ein solches Leben dir aufzwingt.

Wenn du all dies nie gelernt hast, dann lebst du stets am Rande der Katastrophe, egal wie viel Geld du auch besitzt. Wenn du gelernt hast, arm zu sein, wird Geldmangel dich niemals zerstören.

Der zweite für den Umgang mit Geld entscheidende Grundsatz lautet: Der größte Feind gesunder finanzieller Verhältnisse ist nicht die Armut – sondern das Schuldenmachen.

Es gibt eine ganze Armada von Institutionen und Individuen, die dich von den Vorteilen des Schuldenmachens überzeugen möchten. Sie werden dir einzureden versuchen, dass du in den Augen der Banken – oder wer es auch immer sei – deine Kreditwürdigkeit unter Beweis stellst, indem du dir Geld leihst. Sie werden dir sagen, dass du schon heute die Freuden von morgen genießen kannst. Sie werden dich mit überzeugend klingenden und verführerischen Argumenten und Schlussfolgerungen bombardieren. Sie werden deinen Schulden einen Nadelstreifenanzug verpassen und ihn als Kredit ausgeben. Aber alles läuft immer wieder nur auf eines hinaus: Als Schuldner verpfändest du deine Zukunft, um für die finanziellen Belastungen der Gegenwart aufzukommen, und das wirst du doch gewiss nicht wollen.

72

Schulden sind auch deshalb dein Feind, weil sie dich in deiner Bewegungsfreiheit und in der schöpferischen Entscheidung über deine Wahlmöglichkeiten einengen. Ja, Schulden können dir auch Geld einbringen, weil sie Investitionsmöglichkeiten eröffnen, wenn sich dazu eine günstige Gelegenheit bietet. Ja, Schulden können dir in der Gegenwart helfen und deine Probleme in eine – wie du natürlich hoffst – bessere Zukunft verlagern.

Aber Schulden setzen deiner Zukunft bestimmte Grenzen, und wenn deine Zukunft mit solchen Einschränkungen belastet ist, beginnt die Hoffnung zu sterben. Du hast dein Leben unter die Verpflichtung gestellt, Geld zu verdienen, mit dem du deine Vergangenheit abbezahlst und deinen Träumen dadurch selbst die Flügel stutzt. Überlass das Schuldenmachen den kleineren oder größeren Wirtschaftsunternehmen, die ein Eigenleben führen. Halte dich in deinem Privatleben frei davon. Es gibt keinen traurigeren Anblick als einen Menschen mit großen Träumen und Begabungen, dessen Augen stumpf geworden sind und der seine Tage damit verbringt, das schwere Schuldenrad einem in endloser Ferne liegenden Horizont entgegenzurollen.

Wie viel besser ist es da, finanziell bei Null zu stehen und den Zustand eines Mannes anzustreben, der leichten Schrittes dahingeht, weil er einen Dollar mehr in der Tasche hat, als er unbedingt braucht. Wenn du finanziell bei Null stehst und nicht von lediglich in der Fantasie bestehenden Bedürfnissen getrieben wirst, dann hat das Geld keine Macht über dich. Du hast vielmehr die Freiheit, auf deiner Suche nach einem sinnerfüllten Leben das Geld für dich arbeiten zu lassen.

Ein dritter für den Umgang mit Geld entscheidender Grundsatz lautet: Das Geld hat die Tendenz, sich von jenen zurückzuziehen, die es horten möchten, und denen zuzufließen, die es mit anderen teilen.

Wenn du Geld hortest, hast du irgendwo in deinem Herzen eine abgeschottete Kammer. Nichts kann dort hinein und nichts hinaus. Du kannst dieses Verlies lediglich kurz einmal öffnen oder schließen, um Geld hineinzutun oder herauszuholen, und die anderen um dich herum werden das Gleiche tun.

Die frische Luft des freien Austauschs, in der sich Gelegenheiten und Bedürfnisse und all die komplizierten Elemente unserer zwischenmenschlichen Beziehungen miteinander vermischen, wird unter solchen Umständen stickig. An die Stelle des Reichtums der Möglichkeiten drängt sich die Dürre dauernder Kontrolle. Du besitzt zwar, was du besitzt, doch dein Leben gleicht immer mehr einem unaufhörlichen Rechenvorgang. Aber das Unsichtbare und Unerwartete, das du ohnehin nicht kontrollieren kannst, lässt allmählich auch das noch ausbluten, was du so inbrünstig zu schützen versuchst.

Wenn du dagegen bereit bist zu teilen, werden auch andere mit dir teilen. Das Geld fließt frei hin und her. Unter Teilen verstehe ich jedoch nicht etwa Verschwendung. Denn Verschwendung betreibt, wer mit Geld nur deshalb um sich wirft, weil es ihn erregt, wenn er sieht, was man damit alles bewegen kann. Unter Teilen verstehe ich vielmehr, dass man das eigene Geld dazu verwendet, anderen Leuten die Möglichkeit zu verschaffen, etwas Sinnvolles zu tun, ganz gleich ob man dafür etwas zurückerhält oder nicht.

Wenn du in diesem Sinne mit anderen teilst, dann öffnest du dich für den endlosen Prozess des Austauschs und des Miteinanders zwischen all denen, die sich wechselseitig helfen wollen. Und die Adressaten dieser Großzügigkeit werden dir die Freundlichkeit, die du ihnen erweist, durch ebensolche Hilfsbereitschaft vergelten wollen.

Das Teilen ist wie eine eigene Sprache, mit deren Hilfe Menschen miteinander kommunizieren. Und Leute, die eine bestimmte Sprache sprechen, werden im Allgemeinen auch aufeinander aufmerksam. Wenn du dein Geld also immer nur hortest und dich dahinter verschanzt, wirst du es vermutlich auch mit anderen zu tun bekommen, die sich von den gleichen Impulsen leiten lassen. Ihr werdet euch mit bedeckten Augen und geschlossener Faust gegenüberstehen und nur einen Wert gemeinsam haben, nämlich euer wechselseitiges Misstrauen.

Doch wenn dein Umgang mit Geld Ausdruck deiner Bereitschaft zu teilen ist, dann wirst du dich plötzlich unter Leuten wiederfinden, die ebenfalls die Sprache des Teilens sprechen. Und wo diese Sprache das Medium der Verständigung ist, da stellen sich von ganz allein unzählige Möglichkeiten ein.

Aber was vielleicht noch wichtiger ist: Wenn du dein Geld hortest, wirst du trotzdem nicht glücklich sein. Denn geizige Menschen leiden unter jedem Verlust. Doch das Geld kommt und geht. Das ist sein Wesen als Medium des Tausches. Geizkragen jedoch können es nicht ertragen, wenn sie davon etwas herausgeben müssen. Menschen wiederum, die teilen, sind im Herzen immer reich, selbst wenn sie arm sind. Denn sie sehen, dass es gut ist, wenn Geld von einem zum anderen fließt. Überdies weckt ihre Bereitschaft zu teilen oft genug auch in anderen den gleichen Wunsch. Und so erweist sich das Hin und Her des Geldes als allseitiger Vorteil, der allen nutzt, die daran beteiligt sind.

Die Bereitschaft, Geld loszulassen, erleichtert es aber auch, einen weiteren wichtigen Grundsatz für den Umgang mit Geld zu verstehen: Denn manchmal muss man es verlieren, um sich überhaupt weiterzuentwickeln.

Leute, die alles tun, um unter gar keinen Umständen Geld einzubüßen, geraten unter die Tyrannei ihrer eigenen Gewinnsucht. Vielleicht kaufen sie etwas zu einem überhöhten Preis. Vielleicht ist die Welt anders geworden, seit sie diese oder jene Erwerbung gemacht haben. Egal: Menschen, die bei der Veräußerung irgendwelcher Dinge keinen finanziellen Verlust hinnehmen können, sitzen in einer Falle und sind nicht im Stande, etwas wirklich Neues anzufangen. Mitunter ist ein Neuanfang in bestimmten Bereichen aber viel wichtiger als der Drang, aus einer Situation noch den letzten Pfennig herauszuholen. Bisweilen ist er sogar wichtiger als jeder finanzielle Vorteil, der sich aus einer Situation ziehen lässt.

Dabei fällt mir ein alter Mann ein, der bei uns in der Nachbarschaft wohnt. Er lebt an der Armutsgrenze und ist ein mürrischer Zeitgenosse. Seinen Lebensunterhalt verdient er mit dem Bau von Hundehütten. Wir wohnen in einem sehr armen Teil des Landes, wo die Leute kaum Geld für Häuser, geschweige denn für Hundehütten haben. Doch dieser Mann gibt seine Hundehütten nicht unter fünfundachtzig Dollar her, viel zu teurer, als dass es sich die Leute hier leisten könnten. Irgendwann brauchte ich einmal eine Hundehütte. Da ich seine Preisforderungen nicht kannte, ging ich zu ihm hinüber. Ich sagte, ich könnte siebzig Dollar ausgeben. Er lehnte ab. »Fünfundachtzig Dollar, das ist mein Preis«, sagte er und warf mir die Tür vor der Nase zu.

Wenn ich jetzt bisweilen an seinem Haus vorbeifahre, sehe ich, dass sich in seinem Hof die Hundehütten stapeln. Sein Haus wird immer baufälliger, und ich bin sicher, dass er in zunehmender Armut lebt. Aber er wird mit seinem Preis gewiss nicht heruntergehen. Er hat sich in seinem Kopf in eine bestimmte Wertvorstellung verbissen, die freilich sonst niemand mit ihm teilt. Doch wird sich in seinem Leben nichts verändern, solange er sich nicht von der Überzeugung freimacht, dass er bei seinen Preisvorstellungen Abstriche, also aus seiner Sicht einen Verlust machen muss. Er ist der Sklave seiner eigenen von Geiz diktierten fixen Ideen und errichtet um sich herum eine abweisende Wand der Armut. Er wird inmitten seiner Hundehütten sterben, die dann für fünf Dollar das Stück auf einer Auktion versteigert werden.

Nimm dir diese alten Mann zum Vorbild, wie man es nicht machen sollte. Er hat sich auf eine bestimmte Preisvorstellung versteift und vergisst darüber, dass er mit seinen Hundehütten durchaus Geld verdienen könnte, wenn auch weniger, als er sich das einmal vorgestellt hat. Für ihn hat seine Arbeit einen bestimmten unstrittigen Wert, und er hat vergessen, dass die Dinge auf dem Markt nur so viel wert sind, wie andere Leute dafür zu zahlen bereit sind. Vergiss deshalb nie: Ausschlaggebend für den Wert einer Sache ist, ob sie dir dabei hilft, dein Leben zu leben. Wenn du bereit bist, die Vergangenheit – selbst um den Preis eines Verlustes – von dir abzustreifen, schaffst du dir Freiräume, in denen sich neue Dinge entwickeln können. Beharrst du jedoch auf einem völlig abstrakten Wertbegriff, so begibst du dich selbst in eine Art Geiselhaft deiner eigenen fixen Idee und bleibst womöglich auf irgendwelchem alten Gerümpel sitzen, das du eigentlich gar nicht mehr brauchen kannst.

Eine gute Zen-Übung wäre es, wenn man den alten Mann losschicken würde, damit er den Leuten Geld dafür gibt, dass sie ihm seine Hundehütten abnehmen, und zwar genau für den Betrag, den seine Hütten nach seinem eigenen Dafürhalten wert sind. Dann würde der Mann begreifen, wie hoch er den Wert seiner Hundehütten wirklich einschätzt und wie willkürlich seine Preisvorstellungen sind.

Aber mir geht es nicht darum, dass du in finanziellen Angelegenheiten die Klarheit eines Zen-Buddhisten gewinnst. Ich möchte dir nur verdeutlichen, dass Geld ein flüssiges, höchst vergängliches Tauschmittel ist, das kommt und geht. Wenn du meinst, es könnte nur immer mehr und nie weniger werden, dann verschreibst du dich einem Kampf gegen die natürliche Abfolge der Dinge, die – wie etwa der Atem – unentwegt kommen und wieder gehen. Geld, das durch deine Hände fließt, kehrt entweder zu dir zurück oder auch nicht. Egal, was von beidem geschieht, dein Leben geht trotzdem weiter, und die viel wichtigeren Fragen deiner menschlichen Entwicklung und deines Einsatzes für andere bleiben von alledem ohnehin unberührt.

Doch wenn du für dich selbst aus deinem Geld stets nur den größten Vorteil ziehen möchtest, dann solltest du wenigstens ein letztes Prinzip beherzigen, über das ich jetzt sprechen möchte:

Geld begründet eine Art »Wahlverwandtschaft«. Denn Geld erkennt Geld. Leute, die sich mit Kleinstbeträgen befassen, gewinnen und verlieren Kleinstbeträge. Leute, die sich mit Dollarbeträgen befassen, gewinnen und verlieren Dollarbeträge. Leute, die mit Millionenbeträgen jonglieren, gewinnen und verlieren Millionenbeträge.

Wenn du wirklich Geld verdienen möchtest, musst du mit den Leuten verkehren, die in dem Umfang mit Geld umgehen, wie du selbst es ebenfalls möchtest. Man kann immer wieder Geschichten über Millionäre hören, die ein Vermögen gemacht haben, indem sie Cent auf Cent gehäuft haben. Aber solche Menschen verbringen ihr ganzes Leben mit Pfennigfuchserei, und das ist in der Tat kein lebenswertes Leben.

Wenn du also Millionär werden möchtest, musst du dir die Regeln und Fertigkeiten zu eigen machen, die in Millionärskreisen verlangt werden. Und dann musst du deine Talente soweit entfalten, dass du in diesem Milieu erfolgreich arbeiten kannst. Die Leute, die Millionen verdienen, sind oft auch nicht begabter als solche, die sich mit Ein-Dollar-Geschäften begnügen. Aber sie leben in einem Umfeld, wo große Geldmengen hin- und hergeschoben werden, sodass kluge Schachzüge mit Beträgen belohnt werden, wie sie auf diesem finanziellen Niveau nun einmal üblich sind.

Wenn du also viel Geld verdienen möchtest, solltest du dich an das entsprechende Milieu halten. Das Geld geht dort hin, wo schon Geld ist. Du musst dich am Geld reiben, damit das Geld sich an dir reibt.

Aber für welche Form des Umgangs mit dem Geld du dich auch entscheidest, eine leuchtende Wahrheit solltest du dir stets vor Augen halten: Wichtig ist nicht, wie viel Geld du hast, sondern wie gut es dir gelingt, anderen Menschen Geld zukommen zu lassen.

Geld ist nichts weiter als ein durch allgemeine Übereinkunft geschaffenes – abstraktes – Tauschmittel. Einzig der Geist, in

78

dem dieser Austausch vollzogen wird, belebt das Geld und gibt ihm einen Sinn. Großzügige Menschen, seien sie reich oder arm, verwenden ihr Geld, um Licht in diese Welt zu bringen. Geizhälse hingegen, ob reich oder arm, verwenden ihr Geld, um Mauern zwischen den Menschen zu errichten.

Sei deshalb großzügig und teile, was du besitzt, mit anderen. Der Rest erledigt sich dann auf eine unerwartete, unvorhersehbare Art und Weise ganz von allein.

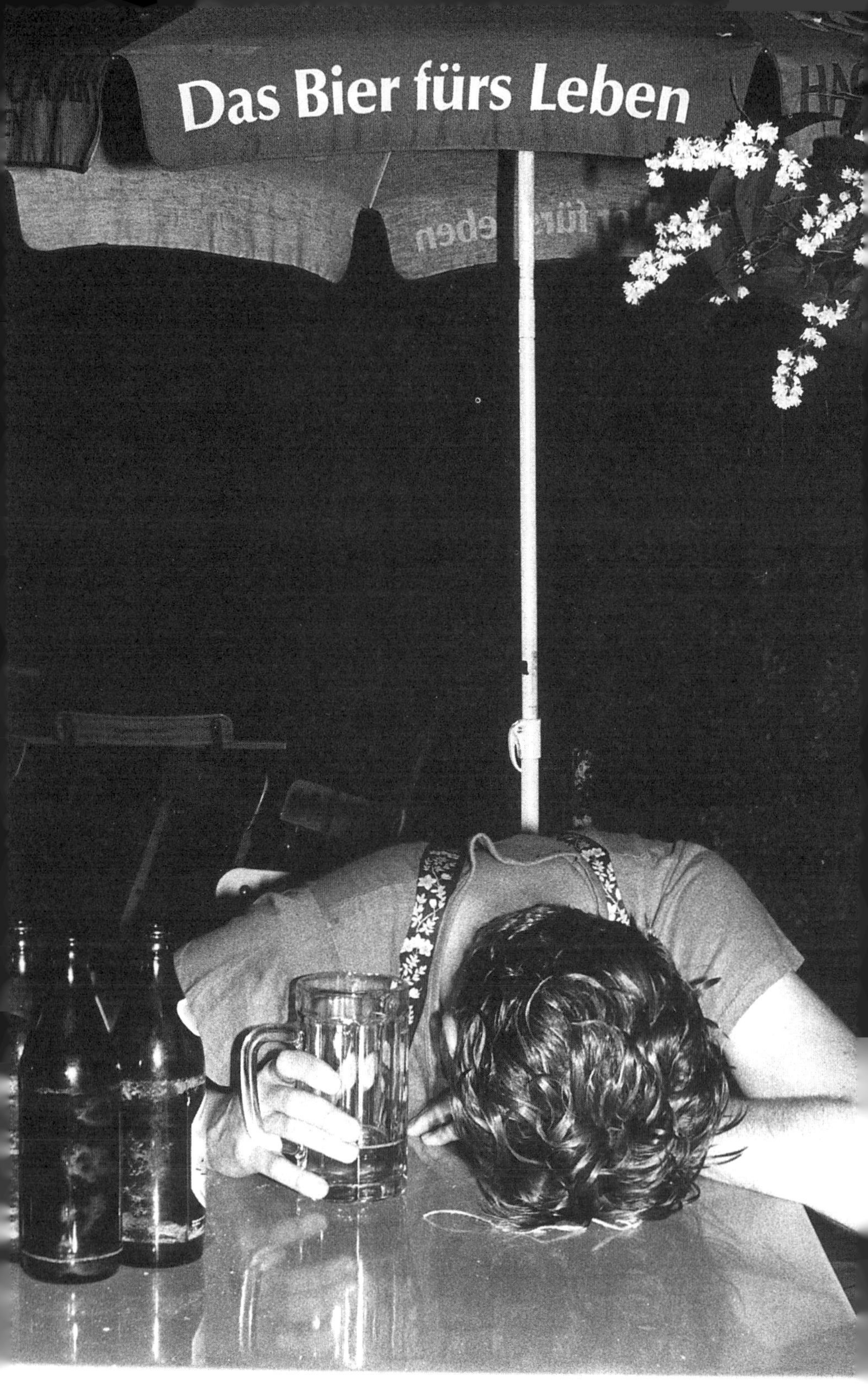
Das Bier fürs Leben

Drogen und Alkohol

Ich sitze in einem kleinen Café. An einem Tisch neben der Eingangstür sitzt ein Mann. Er trinkt.

Seine Augenlider sind halb geschlossen. Schon nickt er ein, sinkt zur Seite und fährt wieder hoch. Der Schlaf zerrt an seinem Bewusstsein, doch er trinkt weiter.

Ich finde den Mann sympathisch. Er hat ein sanftes Gesicht. Vielleicht fühlt er sich einsam. Vielleicht hat er Kummer. Vielleicht ist er Alkoholiker.

Sein Gesicht ist vom Trinken schon ein wenig aufgeschwemmt. Seine Wangen hängen schlaff herab, und seine Augen sind matt. Seine Mundwinkel fallen ab.

Er gibt der Bedienung ein Zeichen. Sie bringt ihm ein weiteres Bier. Er bedankt sich bei ihr – ausschweifend. Sie wendet sich ab, bevor er noch zu Ende sprechen kann.

Was für ein trauriger Anblick. Egal, wie glücklich dieser Mann sich fühlen mag, die Einsamkeit hüllt ihn ein wie ein Schleier. Er ist allein und sucht die Wahrheit in der Flasche.

Ich beobachte den Mann. Er ist nicht viel anders als ich. Ich könnte an seiner Stelle dort sitzen. Du könntest wie er werden.

Er ist einfach ein Mensch, der dem Alkohol, dem großen Gaukler, in die Falle gegangen ist.

Ich nenne Drogen und Alkohol Gaukler, weil sie ihr wahres Gesicht vor uns verbergen. Am Anfang intensivieren sie das Lebensgefühl, doch später hüllen sie ihre Opfer in Dunkelheit.

Das mag dramatisch und übertrieben klingen. Doch es ist eine traurige Wahrheit, die zu viele erst zu spät begreifen. Wenn du das durch manche Drogen ausgelöste Gefühl der Klarheit oder die mit einem Alkoholrausch einhergehenden Glücksempfindungen erstmals erfahren hast, wirst du dir kaum vorstellen können, was daran gefährlich sein sollte. Dein erster Gedanke lautet vielleicht: Was soll es da zu befürchten geben? Wenn ich richtig mit diesen Dingen umgehe, können sie sogar gute Erfahrungen mit sich bringen. Nur ihr Missbrauch schafft Probleme, und ich habe nicht die Absicht, sie zu missbrauchen.

Aber Drogen und Alkohol sind große Verführer und Betrüger. Sie zeigen dir die Welt auf eine neue Weise, gleichzeitig aber wirken sie auf die Chemie deines Körpers ein. Und diese Chemie hat eine ganz eigene Logik.

Schon bald ergreifen sie von dir Besitz und verlangen, dass du dich ihrem Willen unterwirfst. Und es ist nur eine Frage der Zeit, bis sie dich dazu bringen, dich selbst oder andere zu verletzen.

Doch das sieht man nie rechtzeitig voraus.

Nehmen wir den Alkohol. Ein paar Drinks, und schon leuchten die Lichter und die Farben heller. Die Zunge löst sich. Die Welt erscheint angenehmer und von warmer Glut erfüllt. Ein Gefühl des Friedens durchflutet dich.

Was kann falsch an einer Sache sein, die solche Wahrhaftigkeit und Offenheit erzeugt?

Das wirst du erst an dem Tag erfahren, an dem der Alkohol dich hereinlegt. Dem kannst du nicht entgehen. Es wird ein Augenblick kommen, da der Alkohol dir sagt, was du zu tun hast, und du wirst Folge leisten.

Vielleicht hast du Glück. Vielleicht bewirkt er nur, dass du ein verletzendes Wort aussprichst oder irgendetwas Dummes und Peinliches tust.

Vielleicht hast du aber auch weniger Glück, und es geschieht etwas, was einschneidende Folgen für dein Leben hat. Vielleicht schwängerst du ein Mädchen, weil deine Liebe dir in diesem Augenblick so stark und groß erschien. Vielleicht nimmst du einem Freund das Leben, weil die Wärme des Alkohols dir das Gefühl gibt, du könntest schneller oder länger oder sorgloser Auto fahren.

Vielleicht wachst du aber auch eines Tages auf und stellst fest, dass du zu den Leuten gehörst, die der Alkohol fest im Griff hat und die ihren Tag schon mit einem Schluck beginnen. Oder aber du wartest den ganzen Tag sehnsüchtig auf den Augenblick, da du endlich die Flasche öffnen und den Frieden finden kannst, den nur sie dir bietet.

Du wirst nie wissen, welche dieser Alternativen auf dich wartet. Eine von ihnen aber wird deinen Weg kreuzen. Das Trinken ist ein Geschäft mit dem Teufel. Du bekommst in der Gegenwart einen »Extra-Kick« und musst dafür in der Zukunft zahlen. Und du kennst den Preis nicht, den du, wenn es soweit ist, zu zahlen haben wirst.

Drogen sind noch verführerischer. Zunächst wiegen sie dich in der falschen Sicherheit, dass du alles unter Kontrolle hast, doch dann übernehmen sie selbst das Kommando – und du wirst zum Spielball in einem großen chemischen Spiel, dem dein Organismus hilflos ausgeliefert ist.

Drogen sind noch hinterlistiger als Alkohol. Denn zunächst scheinen sie so viel mehr zu bieten. Wer könnte leugnen, dass Kokain eine bewusstseinssteigernde Erregung auslöst, dass der Meskalingenuss mit mystischen Erfahrungen einherzugehen scheint, dass andere Drogen ein wunderbares Gefühl der Souveränität hervorrufen und uns scheinbar so hoch über den Alltag erheben?

In meiner Jugend habe ich viel mit Drogen herumexperimentiert, und meine Überzeugung von damals, dass Drogen mein Leben aus einer Schwarzweiß- in eine Farbwelt katapultierten, ist mir noch sehr gut im Gedächtnis. Ich verdanke ihnen tatsächlich Einsichten, die mich verändert haben. Ich konnte gleichsam aus mir heraustreten, mein Leben objektiv betrachten und dann bewusst einen neuen Kurs einschlagen. Ich hatte das Gefühl, überhaupt zum ersten Mal die Dinge, die wir essen, richtig zu schmecken, den Wind das erste Mal richtig zu spüren und den Liebesakt zum ersten Mal wirklich wahrzunehmen. Alles war neu und voller Freude.

Dann allmählich veränderte sich alles. Worte, die mir auf der Zunge lagen, wollten nicht mehr ausgesprochen werden. Mein Gedächtnis ließ mich im Stich und mein Denkvermögen ließ merklich nach. Diffuse Schmerzen wallten durch meinen Körper, und vage Ängste ergriffen Besitz von meinem Geist. Freie Zeit wurde zur toten Zeit – ich musste sie mit Drogen ausfüllen, weil mir die Wirklichkeit ohne Drogen langweilig und öde erschien.

Ich war überzeugt, dass jene meiner Freunde, die keine Drogen nahmen, dies nur aus Angst nicht taten und darüber hinaus im Leben etwas Wesentliches versäumten. Ich konnte mir nicht vorstellen, dass sie genauso viel Spaß hatten wie ich, weil sie ja die Welt nicht so sahen wie ich. Immer häufiger fand ich mich in Gesellschaft von Leuten wieder, mit denen ich nichts weiter gemeinsam hatte als den Drogenkonsum.

Kurz darauf starb ein Freund. Andere Freunde fingen an, Blut zu husten. Einer verlor den Verstand – einen Verstand, der zu den klarsten gehörte, die ich je kennen gelernt habe. Er kehrte zurück ins elterliche Haus, wo er heute noch lebt, gefangen in wilden und grauenhaften Wahnvorstellungen. Natürlich gibt es welche, denen es bis heute gut geht. Einige nehmen noch immer Drogen. Aber wir sind alle gezeichnet. Etwas wurde uns genommen, noch in dem Augenblick als wir etwas anderes erhielten.

Wir haben uns ein Wissen angeeignet, aber wir haben dafür einen hohen Preis zahlen müssen. Ich möchte nicht, dass du einen ähnlichen Preis zu entrichten hast. Das Wissen lässt sich auch auf anderen Wegen erlangen.

Ich weiß nicht, wie ich das auf eine Weise erklären soll, die dir wirklich unter die Haut geht. Die Welt ist voller glatter Slogans wie »Keine Macht den Drogen« – Slogans, die vereinfachen und Angst erzeugen und Abstinenz schmackhaft machen sollen. Jeder, der die dunkle Seite der Drogen gesehen hat, wird dir Horrorgeschichten erzählen, die darauf abzielen, Angst vor den Folgen des Drogenkonsums zu erzeugen. Aber der Kern der Dinge ist viel komplizierter.

Drogen und Alkohol als solche beinhalten keinen dunklen, abgründigen Schrecken. Aber sie tragen den Samen dieses Schreckens in sich, und sie pflanzen diesen Samen in deinen Geist, in dein Herz und in deinen Körper. Ganz gleich wie wohltuend sie zunächst erscheinen, egal, was für eine gehobene Stimmung sie in deinem Kopf erzeugen, sie geben dir etwas zu Lasten von etwas anderem. Sie gleichen einem Pakt mit dem Teufel – einem Machtversprechen, für das du einst noch ungenannte Dienste zu leisten hast –, und es liegt bei dir, ob du auf diesen Handel eingehen willst.

Die Vorstellung, du könntest dich auf dieses Geschäft einlassen, macht mir Angst, weil ich nicht weiß, welche »Gegenleistung« von dir verlangt werden wird. Dass ich selbst und andere diese Erfahrung relativ unbeschadet überstanden haben, heißt nicht, dass dafür nicht ein Gegenwert verlangt worden wäre oder noch verlangt werden wird. Und selbst wenn sich herausstellt, dass wir mit einem blauen Auge davongekommen sind, so muss das in deinem Fall noch lange nicht so sein. Es wäre ein unvertretbares Risiko, wenn du deine Zukunft für die Gegenwart verpfänden würdest.

Ich sage dies alles im vollen Bewusstsein jener »anderen« Wahrheit – dass Drogen für die Menschen einiger Kulturen in rituellen

Zusammenhängen heilig sein mögen, dass Drogen bisweilen als Arzneien wirken, dass Drogen gleichsam die Fenster zu ganz neuen Wahrnehmungen öffnen können. Auch bestreite ich nicht, dass manche Menschen täglich einen kultivierten und kontrollierten Umgang mit Alkohol pflegen oder dass dieser Wirkstoff unter gewissen rituellen Bedingungen spirituelle Befreiungserfahrungen bewirken kann. Aber der Handel ist immer gegenwärtig, auch wenn er nicht benannt wird oder unerkannt bleibt.

Ich möchte dich nicht belügen. Ich habe unter der Wirkung von Peyotl Momente erlebt, in denen ich das Plätschern unterirdischer Ströme gehört habe und mir der Wind in den Bäumen eine überirdisch schöne Symphonie vorspielte. Ich habe unter dem Einfluss von Drogen beim Liebesspiel Momente erlebt, in denen ich mich von all der Schönheit wie verwandelt fühlte. Aber keines dieser Gefühle ist von Dauer, und sie werden stets von einem Schatten begleitet.

Wie soll ich es ausdrücken? In gewisser Hinsicht trugen diese Augenblicke das Gesicht der Illusion ebenso wie das der Einsicht. Ich mag mich bemühen wie ich will, ich habe keinen Zugang mehr zu diesen Erfahrungen – obwohl es sie wirklich gegeben hat, sind sie meinem Herzen verschlossen.

In meinem Herzen und in meinem Geiste kann ich immer noch die Bilder der Tundra oberhalb von Brooks Range in Alaska heraufbeschwören und dem Gefühl tiefer Ergriffenheit lauschen, das mich damals beim Anblick der schönsten Landschaft, die ich je gesehen habe, umfing. Der Augenblick der Wahrheit und Einsicht in jener Peyotl-Nacht, da die unterirdischen Quellen mich mit ihrem Gesang betörten, ist mir hingegen entglitten. Eine ohne Drogen erlebte Wahrheit ist von Bestand. Eine durch Drogen erzeugte Wahrheit erlischt.

In der Welt gibt es unendlich viele Dinge, die tausendmal ausreichen, um uns zu erfüllen. Ich würde nicht fünf Minuten, die ich mit dir verbracht habe, gegen den Strahlenglanz und die

Schönheit meiner sämtlichen Drogenerfahrungen eintauschen wollen. Ich würde nicht einen Augenblick der Liebe deiner Mutter für alle seligen Sekunden eintauschen, die ich unter dem Einfluss von Alkohol, Marihuana, Kokain, Peyotl oder LSD erlebt habe. Diese Erfahrungen haben zwar ihre Verführungskraft und Wahrheit, aber es fehlt ihnen an Seelenkraft.

Und hier liegt wohl auch der Kern der Wahrheit. Es gehört zwar Mut dazu, in das Reich der Drogen einzudringen, dieser Mut ist jedoch aus Schwäche geboren. Der Hunger nach ungewöhnlichen Erfahrungen, das Verlangen, Höhen und Tiefen zu durchmessen, die nicht von dieser Welt sind, kommt dem Eingeständnis gleich, dass diese Welt nicht genug für uns bereithält. Und dieses Eingeständnis beruht auf Unwissenheit und ist zudem noch falsch.

Der Anblick einer Sonnenfinsternis, die die Welt in Dunkelheit taucht, sodass die Vögel die Köpfe unter die Flügel stecken und schlafen, die Geburt eines Kindes aus dem Körper einer Frau, die man liebt, das Schweigen der Ewigkeit, das einen auf einem windgepeitschten Gebirgspass umfängt – ist das etwa nicht genug? Weder Drogen noch Alkohol vermögen diese Erlebnisse zu steigern. Sie berauben sie lediglich ihrer Lebensechtheit und lassen sie unwirklich erscheinen – wie im Traum. Sie mögen dich für den Augenblick mit intensiven Erfahrungen beglücken, die sie dir in den Erinnerungen jedoch gleichsam wieder nehmen. Sie vermögen nicht, Wurzeln zu schlagen und dein Bewusstsein wirklich dauerhaft zu erweitern.

Lass dich deshalb von den Gauklern nicht hinters Licht führen. Lass dich von ihren Versprechungen nicht verführen. Du hast einen gesunden Körper und einen wundervollen Charakter. Wenn du mit Drogen und Alkohol herumspielst, öffnest du womöglich die Tür zu einer namenlosen Dunkelheit.

Bessere Männer als du oder ich sind von der Hand zerstört worden, die nicht mehr loslässt.

Schicksalsschläge und Leiden

Schicksalsschläge und Leiden werden dir nicht erspart bleiben. Du kannst dich nicht gegen sie abschotten. Du kannst sie nicht vermeiden. Sie werden dich heimsuchen, wenn es an der Zeit ist. Wenn sie dann kommen, werden sie dich überwältigen und hilflos machen. Du wirst eine Zeit lang das Gefühl haben, dass du nicht weiterleben kannst. Manche Menschen haben das Gefühl, ihr Leiden sei so einzigartig und so furchtbar, dass niemand anderer es wirklich ganz nachempfinden kann. Andere meinen, ihr Leiden sei gering und unbedeutend, verglichen mit den weit größeren Qualen, die andere durchzustehen haben; sie meinen, sie seien wehleidig, wenn sie sich ihrem Schmerz öffnen.

Falle auf keines dieser Extreme herein. Ein Mensch, der sich an einem Streichholz verbrennt, empfindet seinen Schmerz nicht deshalb als weniger unangenehm, weil es andere gibt, die in einem Feuer verbrannt sind. Deine Schmerzen und deine Leiden sind deshalb wirklich, weil sie dich betreffen. Du musst sie annehmen und begreifen, dass sie wie so vieles im Leben Geschenke sind – weil sie dich über dich selbst erheben und dich zumindest vorübergehend mit all jenen verbinden, die gleichermaßen einen Verlust oder Schmerzen oder Leiden zu ertragen haben.

Das Leiden ist deshalb so überaus lehrreich, weil es die Grenzen unseres täglichen Lebens sprengt. Wenn alles seinen üblichen Gang geht, leben wir in einer kleinen Welt kontrollierter Erfahrungen, die durch die Notwendigkeiten des täglichen Lebens begrenzt ist. Wir gehen einkaufen, schreiben etwas zu Ende, besorgen neue Reifen für den Wagen, fragen uns, ob das Mädchen, das uns gestern angelächelt hat, uns wohl mag – das sind die Dinge, die uns im täglichen Leben beschäftigen.

Wenn Schicksalsschläge über uns hereinbrechen, kommen sie meist völlig unerwartet und unvorbereitet. Sie erschüttern die Grenzen unserer kleinen Welt und reißen sie in Stücke. Eine Zeit lang leben wir dann gefangen in einem Schmerzensschrei, gequält vom Echo unserer Not. Die kleinen Sorgen, die gestern noch wichtig erschienen, sind plötzlich völlig belanglos und unser Alltagskram nicht minder.

Wenn wir schließlich wieder auf die Beine kommen, sind wir scheinbar verändert. Wir waren dem Chaos ausgeliefert, und jetzt ist plötzlich nichts mehr, wie es vorher war. Wir blicken sehnsüchtig auf unser altgewohntes Leben zurück und wünschen, wir könnten noch einmal von vorn beginnen.

Aber das ist unmöglich. Unser Leben hat sich unwiderruflich verändert, und wir werden nie mehr sein wie zuvor. Wir haben eine ganz neue Dimension kennen gelernt und dabei begriffen, worauf es wirklich ankommt. Und jetzt ist es unsere Aufgabe, dieses Wissen in unser Alltagsleben einzubringen. Wir haben die Chance, das Leben noch einmal ganz neu zu bedenken.

Unsere Reaktion auf Schicksalsschläge und Leiden ist das Maß unserer Stärke.

Ich kenne einen Mann, den man als Kind regelmäßig ans Bett kettete und schlug. Er wohnt heute allein in einem Zimmer. Seine Schuhe stehen millimetergenau nebeneinander, und jeder

Gegenstand aus seinem Besitz hat einen angestammten, unverrückbaren Platz. Er hat nur einen Freund, und das ist sein Ordnungssinn, mit dessen Hilfe er das Chaos von sich abwehrt, das ihn als Kind umgeben hat.

Ich kenne einen anderen Mann, der als Kind in Auschwitz war und dort mit ansehen musste, wie seine Mutter und sein Vater umgebracht wurden. Er hat sich ganz dem Geldverdienen und dem »guten Leben« verschrieben. »Ich habe genug gelitten«, sagt er. »Ich habe ein Recht auf ein wenig Glück.«

Ich kenne eine Frau, die man mit achtzehn Jahren, mit verbundenen Augen, in ein schäbiges Hotelzimmer weit weg von ihrer Heimatstadt verschleppte, um eine blutige Abtreibung vorzu-

nehmen. Sie hat ihr Leben der Arbeit mit Krebspatienten gewidmet, vielleicht, um unbestimmte Schuldgefühle zu beruhigen, vielleicht, weil sie verstanden hat, welche Dimensionen des Leidens es gibt.

Ich kann über keinen dieser Menschen ein Urteil fällen. Sie alle haben schrecklich gelitten, viel mehr als du oder ich. Aber eines haben sie gemeinsam: Sie alle haben, als Reaktion auf das Leiden, das sie erfahren haben, ihr Leben verändert.

Manche Leute, etwa mein Freund mit den Schuhen oder mein anderer Freund mit dem Geld, haben auf ihr schweres Schicksal und Leiden reagiert, indem sie sich von den Menschen noch mehr zurückgezogen haben. Vielleicht konnten sie nicht anders. Vielleicht waren ihre Wunden so tief, dass sie weitere Verletzungen einfach nicht mehr ertragen konnten.

Was aber ist mit meiner Freundin in der Krebsstation? Sie hat ihren Schmerz nicht verleugnet. Sie ist davor nicht weggelaufen. Sie hat ihn angenommen und erkannt, dass er sie mit anderen Menschen verband, die ebenfalls leiden müssen. Weil sie den Tod in sich selbst gespürt hatte, beschloss sie, anderen beizustehen, die ebenfalls den Tod in sich spüren.

Wir müssen solche Erfahrungen als Chancen inneren Wachstums begreifen. Menschen, die sich durch den Rückzug von den anderen vor weiteren Schmerzen zu schützen versuchen, verpassen eine große Gelegenheit. Sie vergeben die Chance, aus ihrer Leidenserfahrung heraus- und über sich selbst hinauszuwachsen und etwas Bedeutendes zu erkennen, das uns allen gemeinsam ist.

Vielleicht leidest du darunter, dass deine Freundin sich von dir abwendet, oder dich schmerzt der Verlust eines Haustieres. Vielleicht stirbt dein Vater oder deine Mutter, oder aber du hast einen schweren Unfall oder eine unheilbare Krankheit. Was es auch sei, es ist dir zugemessen, und du solltest es als Geschenk betrachten, das dir erkennen hilft, was in deinem Leben von Bedeutung ist.

Vergiss nicht: Auch ein Schmerz, der anfangs unerträglich und überwältigend erscheint, wird vom Balsam der Zeit allmählich gelindert. Der Mensch ist ein überraschend widerstandsfähiges Lebewesen. Uns drängt alles in Richtung Gesundheit, nicht in Richtung Krankheit. Dein Geist und dein Körper werden alles unternehmen, um zu gesunden.

Die Frage, die du dir stellen musst, lautet nicht, ob, sondern wie du gesunden wirst. Kummer und Schmerzen haben ihre eigene Lebensdauer, aber wenn sie dann verblassen, musst du darauf achten, dass du die mit solchen Erfahrungen einhergehenden Wachstumschancen nicht versäumst. Sie überziehen unser Leben mit Chaos, aber dafür eröffnen sie uns im Gegenzug die Möglichkeit, unser Werte- und Sinngebäude umzugestalten.

Deshalb solltest du Schicksalsschläge und Leidenserfahrungen nicht fürchten. Häufig verdanken wir ihnen unsere schöpferischsten Impulse. Natürlich sollte man sie nicht suchen, aber vermeiden kann man sie auch nicht. Wie die Liebe verstärken sie deine Verbundenheit mit der menschlichen Familie. Nimm sie hin als das, was sie sind, aber nutze ihr Wandlungspotenzial.

Sie sind das Feuer, das dich reinigt.

Kämpfen

Früher einmal hatte ich einen Hund, der gern kämpfte. Er griff andere Hunde an, ob sie ihn herausgefordert hatten oder nicht. Ich schimpfte und schrie bei diesen Gelegenheiten und versuchte, ihn von seinem Gegner zu trennen, doch das überstieg meine Kräfte. Wenn die Keilerei dann schließlich vorüber war, befahl ich ihm, sich zu setzen, und starrte ihn böse an. Ob er als Sieger oder Verlierer aus dem Kampf hervorgegangen war, immer war sein Maul hinterher zu einem verzerrten Grinsen verzogen. Er hechelte unentwegt, und in seinen Augen lag fast so etwas wie Verzückung. Er hatte Verbindung mit einem tief verborgenen Teil seines Wesens aufgenommen und war mit sich selbst im Reinen, selbst wenn ihn sein Gegner böse zugerichtet hatte.

Menschen, die kämpfen, reagieren ganz ähnlich.

Ein Kampf versetzt uns in eine primitive Euphorie, die auf Verletzungen keine Rücksicht nimmt. Alle unsere Sinne sind aufs Äußerste angespannt. Wir zapfen etwas in uns an, das in den tiefsten Schichten unserer Gattung verborgen liegt.

95

Manche Männer sind geradezu süchtig nach diesem Zustand. Sie fühlen sich nur »vollständig«, wenn sie kämpfen. Sie ignorieren den Schaden, den sie anrichten, ebenso wie die Verletzungen, die sie selbst davontragen. Sie lieben diese Mischung aus Angst und Wut und betrachten den Kampf als eine edle Prüfung ihrer Männlichkeit.

Vielleicht kennst du sogar solche Leute. Sicher hast du schon von ihnen gehört. Da ihrem Leben eine echte Perspektive fehlt, bedeuten ihnen die im Kampf geweckten körperlichen Empfindungen umso mehr. Sie halten ihre unentwegte Kampfbereitschaft für die Zierde ihrer Männlichkeit und blicken auf Leute herab, die nicht kämpfen wollen, und betrachten sie als unmännlich.

Du musst vor diesen Leuten auf der Hut sein. Sie werden versuchen, dich von der Männlichkeit ihrer Einstellung zu überzeugen und dich auf ihre Seite zu ziehen. Wenn du dich weigerst, werden sie dich provozieren und dich verhöhnen. Sie werden dich und deine Angehörigen beleidigen. Und sie werden versuchen, dich bei deiner Angst zu packen.

Kurz: Sie werden alles unternehmen, um dich in eine Konfrontation zu verwickeln, weil sie ohne einen Gegner keine Identität haben. Sie brauchen dich als feindliches Gegenüber, um ihre eigene Existenz zu rechtfertigen.

Du brauchst dich auf diese Leute nicht einzulassen. Mit deiner Männlichkeit hat das alles gar nichts zu tun. Lass dich nicht von ihrer Logik verwirren, derzufolge du ihnen unterlegen bist, wenn du dich lieber abwendest, als dich auf einen Kampf einzulassen. Denn die Tatsache, dass du vielleicht Angst empfindest, sagt noch lange nicht, dass du weniger maskulin bist als diese Männer. Auch sie haben Angst. Freilich setzen sie ihre Männlichkeit mit der Fähigkeit gleich, diese Angst durch körperliche Gewalt zu überwinden und nicht etwa durch die Sorge für Schwächere oder durch Gesten der Sanftheit und des Mitgefühls.

Nehmen wir mal an, du würdest mit ihnen kämpfen und gewinnen. Wärst du dadurch etwa mehr zu einem Mann geworden? Natürlich nicht, es sei denn, du identifizierst deine Männlichkeit ausschließlich mit der Fähigkeit, einem Gegner größeren
Schaden zuzufügen als dieser dir. Warum sollte also deine
Männlichkeit darunter leiden, wenn du dich gegen den Kampf
entscheidest oder wenn es dir nicht gelingt, zu gewinnen?

Du darfst diesen Männern nicht gestatten, die Bedingungen
festzusetzen, unter die du dein Leben stellst. Überwinden musst
du im Übrigen nicht sie, sondern den Glauben, dass diese Männer repräsentativ dafür sind, was es heißt, ein Mann zu sein. Du
musst lernen, dass menschliche Werte wie Güte und Fürsorge
viel wichtiger sind als die instinktive Ansicht, derzufolge Angst
mit Schwäche und Sieg mit Stärke gleichzusetzen ist.

Diesen Kampf musst du in deiner Seele mit dir selbst austra-
gen. Er lässt sich nicht durch eine tätliche Auseinandersetzung
zu einer Entscheidung bringen. Dennoch kann dir passieren,
dass du dich einmal körperlich zur Wehr setzen musst. In unserer Welt gibt es reichlich irrationale Gewalt und verzweifelte
Menschen, die sich ihr Umfeld durch körperliche Aggression ge-
fügig machen wollen. Wenn du Pech hast, verstellt dir einer dieser Gewaltmenschen eines Tages jeden Ausweg.

Vielleicht möchten sie mit dir kämpfen, weil du groß bist oder
klein, oder aber, weil du nicht kämpfen willst. Vielleicht möchten sie sich aber auch mit dir schlagen, weil sie verzweifelt sind
und mit ihrem eigenen Selbstwertgefühl nicht zu Rande kommen. Möglicherweise möchten sie sich aber auch einfach nur
deshalb prügeln, weil du zufällig da bist.

Solche Typen lassen dir keine Wahl, sie werden dich nicht gehen lassen, kein sachliches Argument wird sie von ihrem Vorha-
ben abbringen. Was aber kannst du in solchen Situationen tun?

Ich glaube, solche Leute sind von einer Art ansteckenden
Krankheit befallen. Einer Krankheit, die den menschlichen Geist

verdirbt, weil sie uns auf die niedrigsten Gefühle zurückwirft und unseren natürlichen Hang zu Güte und Fürsorglichkeit beschädigt. Leute, die sich mit dir prügeln wollen, verbreiten den Keim dieser Krankheit in der Welt. Es ist deine Pflicht, der Krankheit Einhalt zu gebieten.

Wenn du der Krankheit ohne Kampf Einhalt gebieten kannst, wenn du sie durch Liebe und Mitgefühl oder durch Appelle an die Vernunft neutralisieren und eine Gesundung einleiten kannst, dann umso besser. Wenn du dich einer solchen Situation entziehen kannst und dabei lediglich einen Gesichtsverlust oder eine Kränkung deines Selbstwertgefühls in Kauf nehmen musst, dann tu es.

Aber wenn jemand einen Menschen, den du liebst oder der hilflos ist, etwa ein Kind oder einen gebrechlichen Alten, bedroht, dann musst du meiner Meinung nach notfalls auch körperliche Gewalt anwenden. Tust du das nicht, dann leistest du der Ausbreitung der Krankheit Vorschub, weil du durch deine Untätigkeit zulässt, dass jemand durch rohe Gewalt verletzt wird.

Aber wenn du nun zu kämpfen hast, solltest du es ohne Wut tun. Du musst vielmehr mit dem leidenschaftslosen Engagement eines Arztes vorgehen. Mag sein, dass auch ein Arzt gegen bestimmte Krankheiten einen Widerwillen empfindet, aber er ist nicht wütend auf sie. Er weiß, dass er kühl und kompetent seine Arbeit zu erledigen hat.

Wie ein Arzt musst du klar und entschieden zu Werke gehen. Du musst distanziert und ohne Emotionen agieren und nur so viel Gewalt anwenden, wie zur Beendigung des Kampfes nötig ist. Mach dir keine Gedanken darüber, ob du gewinnst oder verlierst. Du hast bereits dadurch verloren, dass du in eine tätliche Auseinandersetzung geraten bist. Überlege, was zu tun ist, um den Kampf möglichst rasch zu beenden, und dann tu es.

Wenn du feststellst, dass du kämpfst, um anderen Schaden zuzufügen, dann hast du dich schon ins Unrecht gesetzt. Nur wenn du den Schaden abzuwenden versuchst, den ein anderer dir oder Dritten zufügen könnte, hast du das Recht zu kämpfen. Du suchst nur nach einem Heilmittel und bist nicht darauf aus, den Träger der Krankheit zu bestrafen. Und vergiss eines nicht: Es mag viele gute Gründe geben, sich mit jemandem herumzuschlagen, aber gute Schlägereien gibt es nicht.

Einer der Kampfhähne bekommt stets etwas ab, und wann immer ein Mensch verletzt wird, sind wir alle davon betroffen. Erhebe dich über solche Leidenschaften und Ängste, dann wirst du den meisten tätlichen Auseinandersetzungen aus dem Weg gehen können. Aber solltest du einmal ohne eigenes Zutun in einen solchen Kampf verwickelt werden, dann nimm das nicht persönlich. Vermeide die Konfrontation oder aber stelle dich ihr so, dass du hinterher an Leib und Seele unbeschädigt deiner Wege gehen kannst.

Wie Laotse sagt: »Der beste Kämpfer zeigt keine Wut. Der beste Sieger sucht keine Rache.«

Wenn du einmal kämpfen musst, dann möchte ich, dass du es in diesem Geiste tust. Mache aus dir keinen Hund mit verzerrtem Grinsen.

Krieg

Ich hoffe, dass dein Land dich niemals auffordert, in den Krieg zu ziehen. Denn Krieg heißt, dass die Welt aus den Fugen geraten ist und der Wahnsinn regiert.

Aber bisweilen sind solche Zeiten nicht aufzuhalten. Und dann musst du dich entscheiden. Und diese Entscheidung ist nicht ganz einfach.

Unsere Gesellschaft tut im Großen und Ganzen eine Menge Gutes für uns. Wir nehmen ihre Wohltaten in Anspruch und beugen uns im Allgemeinen ihren Forderungen. Wir wählen die Leute, die für uns die politischen Entscheidungen treffen, und diese Leute bringen dem Krieg im Allgemeinen auch nicht mehr Liebe entgegen als du oder ich.

Wenn deshalb unsere politischen Führer beschließen, dass wir als Gesellschaft in den Kampf ziehen müssen, dann sprechen für diese Entscheidung im Allgemeinen plausible Argumente. Vielleicht sehen sie unsere Gesellschaft einer wachsenden Bedrohung ausgesetzt. Vielleicht glauben sie, dass ein Krieg das einzige Mittel ist, eine Politik durchzusetzen, die sie für überlebensnotwendig erachten. Vielleicht sagen sie, dass wir kämpfen müssen, um den Kern unserer Werteordnung zu verteidigen.

Natürlich kann es geschehen, dass du persönlich mit den Argumenten deiner politischen Repräsentanten nicht einverstanden bist. Vielleicht lehnst du ihre ganze Politik ab. Vielleicht misst du den Werten, die sie verteidigen wollen, keine so elementare Bedeutung bei. Vielleicht glaubst du aber auch, dass es für unsere Gesellschaftsordnung viel bedrohlicher ist, wenn du im Krieg getötet wirst und deine Kinder ohne Vater aufwachsen.

Regierungen möchten solche Entscheidungen natürlich nicht dem Einzelnen überlassen. Sie werden dir das Recht absprechen, nach deinen eigenen Kriterien darüber zu befinden, was du für einen »gerechten« Krieg hältst. Sie werden dir allenfalls den Standpunkt des reinen Pazifismus gestatten – der jede Gewaltanwendung ablehnt, auch wenn sie dem Schutz der eigenen Familie dient.

Wenn du jedoch kein absoluter Pazifist bist – wenn du also bereit wärst, deine Familie mit Waffengewalt zu verteidigen, es jedoch ablehnst, etwa für eine üppige Rohstoffversorgung deines Landes in den Krieg zu ziehen –, werden die politisch Verantwortlichen diesen Standpunkt nicht gelten lassen. Sie schlussfolgern, um den Gedanken weiterzuspinnen, dass eine Bedrohung der Rohstoffversorgung einer Gefährdung unserer Gesellschaftsordnung und damit auch deiner selbst und deiner Familie gleichkommt und erwarten von dir, dass du zu den Waffen eilst, wenn man das von dir verlangt. Weigerst du dich, musst du entweder das Land verlassen, oder aber man steckt dich ins Gefängnis.

Deshalb musst du dir Klarheit darüber verschaffen, wie du auf die Forderung, für dein Land zu kämpfen, reagieren willst. Das eine Extrem bildet der Standpunkt, dass es falsch ist, andere Menschen zu töten, und dass man sich deshalb unter gar keinen Umständen daran beteiligen darf. Die entgegengesetzte Auffassung besagt etwa: Wenn man Teil einer Gesellschaft ist und wenn

Köpfe, die klüger sind als man selbst, widerstrebend beschlossen haben, Krieg sei der letzte Ausweg, dann muss man diese Entscheidung unterstützen.

Irgendwo zwischen diesen beiden Extremen bewegen sich die philosophischen, religiösen, ethischen, politischen und taktischen Argumente derjenigen, die sich für andere Wege entscheiden möchten.

Menschen guten Herzens haben sich zu allen Zeiten für diese anderen Wege entschieden.

Ich würde dir raten, gegenüber dem Krieg eine ähnliche Haltung einzunehmen wie gegenüber tätlichen Auseinandersetzungen im persönlichen Bereich. Halte Ausschau danach, wo auf unserem Planeten die Krankheit ihren Ursprung hat. Liegt sie beim Gegner, gegen den unser Land in den Krieg ziehen will? Liegt sie in der Politik und der Lebensweise unseres Landes? Liegt sie in der allgemeinen Auffassung, wonach der Krieg ein gangbarer Weg der Konfliktlösung ist? Deine Einstellung zu einem Krieg sollte sich deshalb danach richten, wo du die Ursachen der Krankheit ausmachst.

Doch urteile und handle nicht übereilt. Natürlich kann man immer verlangen, dass die höchsten ethischen Werte der einzige Maßstab für unser Handeln sein sollten und dass wir eine neue Ordnung der Dinge brauchen. Aber der Krieg ist von jeher Bestandteil der menschlichen Erfahrung gewesen, und bis heute ist Gewalttätigkeit im menschlichen Charakter angelegt. Es ist daher nur ein Scheinsieg, die erhabenen moralischen Prinzipien des Pazifismus hochzuhalten, während draußen am Tor der Sturm der Gewalt tobt.

Trotzdem gibt es Menschen, die selbst um den Preis ihres eigenen Lebens von ihren hehren Grundsätzen nicht ablassen und unter allen Umständen versuchen würden, diesem besseren Teil unseres Wesens zum Durchbruch zu verhelfen. Sie würden sich von den Stürmen der Gewalt überrennen lassen, weil sie glauben, dass das Gute am Ende triumphiert und dass noch nie etwas Gutes daraus entstanden ist, wenn Brüder die Hand gegeneinander erheben. Diese Menschen denken in langfristigen Perspektiven und wissen, dass unsere kurzfristigen Entscheidungen langfristig unsere Zukunft beeinflussen. Sie sind sogar bereit, für das Ziel einer gewaltlosen Gesellschaft ohne Krieg ihr eigenes und das Leben jener zu opfern, die sie lieben.

Wenn du eindeutig und aufrichtig von dir behaupten kannst, dass du zu diesen Visionären gehörst, dann ist klar, wie du dich zu entscheiden hast. Dann bist du ein Pazifist und Verfechter jener besseren Ordnung, selbst wenn dies den Tod und die Zerstörung all dessen verlangt, was in der kurzfristigen Perspektive gut und bedeutungsvoll erscheint. Große Menschen wie Mahatma Gandhi, Mutter Teresa oder Martin Luther King haben sich auf diesen Standpunkt gestellt.

Aber bevor du dir diesen Standpunkt zu Eigen machst, solltest du dich fragen: Kann ich daneben stehen, während meine Frau und Kinder durch rohe Gewalt vernichtet werden, wenn es je dahin kommen sollte? Sind meine Prinzipien wirklich so tief in mir verankert?

Wenn du andererseits glaubst, dass jeder Krieg, den unser Land erklärt, ein gerechter Krieg ist, weil es sich bei unserem Land um eine ehrbare, wenn auch unvollkommene Gesellschaftsordnung handelt, dann ist für dich der Patriotismus der höchste Wert, und du kannst zur Waffe greifen, wann immer dein Land dich darum bittet. Große Männer haben dies getan und dabei sogar ihr Leben auf einsamen Schlachtfeldern hingegeben, verscharrt in anonymen Gräbern.

In diesem Fall solltest du dich jedoch auch fragen: Bin ich bereit, zu sterben und meine Kinder vaterlos zurückzulassen, damit das Benzin in meinem Land billig bleibt oder andere Ressourcen nicht ausgehen? Ist mein Pflichtgefühl gegenüber meinem Land wirklich so stark? Bin ich bereit, einem Land zu folgen, in dem das Kriegsfieber um sich greift? Selbst dann noch, wenn das Kriegsziel nichts weiteres beinhaltet, als Rache zu nehmen? Bin ich bereit, das Kind eines anderen Mannes zu töten, um einem abstrakten Prinzip Geltung zu verschaffen, dessen Durchsetzung meine Regierung beschlossen hat?

Wenn diese Positionen für dich nicht überzeugend sind, dann musst du selbst entscheiden, ob es sich um einen gerechten Krieg handelt oder nicht. Nach welchen Kriterien könntest du dein Urteil fällen?

Ein paar Denkanstöße hierzu:

Es gibt eine chinesische Geschichte über eine Versammlung gelehrter Männer, die an einem Brunnen sitzen und darüber diskutieren, ob es Gut oder Böse überhaupt gibt. Während sie noch miteinander streiten, kommt ein alter Mann vorbei: »Lasst uns hören, was er dazu zu sagen hat«, unterbrechen sie ihr Gespräch und legen ihm die Frage vor. Der alte Mann denkt kurz nach und zeigt dann auf den Brunnen: »Wenn ihr jemanden seht, der ein Kind in diesen Brunnen wirft«, entgegnet er, »dann wisst ihr, dass daran etwas falsch ist.«

Diese Antwort erscheint sehr schlicht, aber gerade in vielschichtigen, schwer einschätzbaren Situationen brauchen wir ein paar einfache Regeln. Wenn eine Gesellschaftsordnung oder eine Regierung Kinder umbringen lässt, dann wissen wir, dass etwas falsch ist. Wenn eine Krankheit auf der Erde ausgebrochen ist, muss man verhindern, dass sie sich ausbreitet. Wenn unsere eigene Regierung um eines abstrakten Ziels willen Kinder töten lässt, dann ist unsere Regierung im Unrecht, und wir sollten Widerstand leisten. Wenn eine andere Regierung Kinder umbringen lässt und unsere Regierung es angebracht findet, dieser Unmenschlichkeit durch einen Krieg ein Ende zu setzen, dann handelt es sich um einen gerechten Krieg.

Andere Kriege beruhen auf mehr oder weniger falschen Voraussetzungen. Kriege, die zur Durchsetzung politischer, wirtschaftlicher oder religiöser Systeme ausgefochten werden, sind meist nur eine Folge kindischer Arroganz. Kriege, die wegen Landbesitz oder der Verfügungsgewalt über Rohstoffe angezettelt werden, beruhen lediglich auf einer Mischung aus Habgier und Angst. Kriege gegen Unterdrückung oder zur Linderung bedrückender Armut hingegen sind im Einzelnen schwerer zu beurteilen. Doch häufig sind auch sie fragwürdig, weil sie den Tod unschuldiger Menschen verursachen, auch wenn die Motive eines solchen Krieges – abstrakt betrachtet – durchaus nobel sein mögen.

Kommen wir deshalb noch einmal auf die Tötung von Kindern zu sprechen. Ist das Kampfziel den Tod eines einzigen unschuldigen Kindes wert? Gewichte das Leben dieses einen Kindes. Würdest du es opfern, um den Zielen oder der Politik unseres Landes zum Erfolg zu verhelfen? Wenn das Ziel darin besteht, einen Wahnsinnigen auszuschalten, der Hunderttausende von Menschen umzubringen droht, würdest du vielleicht mit Ja antworten. Solche Wahnsinnigen gelangen beunruhigend häufig an die Macht und vernichten ihr Volk durch Gewalt oder Hunger. Bisweilen erhebt sich sogar ein Verrückter, der uns alle bedroht. Mitunter geraten ganze Länder in einen Gewaltrausch und entfachen einen Brand, der einen großen Teil der Erde zu verschlingen droht. Vielleicht wirst du in einem solchen Fall zu der Auffassung gelangen, dass der Tod durch die Rettung vieler Menschen weniger Opfer findet.

Doch wäge stets sorgfältig ab. Die Regierung deines Landes wird alles tun, um ihren Standpunkt legitim erscheinen zu lassen. Sie wird dich bedrohen und täuschen. Sie wird dir Geschichten und Bilder präsentieren, die einzig dazu dienen, dich von der Richtigkeit des eingeschlagenen Weges zu überzeugen. Die Wahrheit wird als Erstes daran glauben müssen, lange bevor die ersten Gefallenen zu Boden sinken. Wenn es dazu kommt, musst du dein Herz erforschen. Du musst die klügsten und aus-

106

gewogensten Argumente der verschiedenen Meinungen zu Rate ziehen. Versuche, die Wahrheit herauszufinden, und stehe dann unerschütterlich zu dem, was du für richtig hältst.

Wenn dein Urteil bedeutet, dass du in den Kampf ziehen musst, dann verhalte dich ehrenhaft. Wenn es heißt, Widerstand zu leisten, dann folge mutig deinem Gewissen. Was du auch tust, wird harte Konsequenzen haben, denn der Krieg ist und bleibt ein kollektiver Wahnsinn. Dass er ausgerechnet dich und deine Generation zu einer Reaktion zwingt, ist eine Prüfung, der du dich nicht entziehen kannst. Du kannst dich nur unbeirrbar von deinem Herzen leiten lassen und all jene respektieren, die – unter welchem Vorzeichen auch immer – das Gleiche tun. Wenn die Zeit des Kampfes vorüber ist, und sie wird irgendwann enden, könnt ihr nach gebührlicher Zeit wieder Brüder und Schwestern sein, und dann ist es eure gemeinsame Aufgabe, die Welt in die Hände der nachfolgenden Generation weiterzugeben.

Und vergiss eines nicht: Es gibt keinen Krieg, der dem Krieg ein für alle Mal ein Ende setzt. Der Krieg ist stets nur der schlechteste Weg, und er ist immer mit Elend und Tod verbunden. Zum Krieg sollten die politischen Führer dich und das Land nur aufrufen, wenn zahllosen Menschen unermessliches Leid droht.

Wenn das Übel so groß ist, dass du den Tod von Kindern in Kauf nimmst, dann solltest du zu den Waffen greifen. Ist dies nicht der Fall, dann tue alles in deiner Macht Stehende zur Wahrung des Friedens.

Die spirituelle Reise

Wir alle kommen mit dem Glauben an einen Gott zur Welt. Dieser Gott mag keinen Namen und auch kein Gesicht haben. Vielleicht sehen wir ihn nicht einmal als Gott an. Trotzdem ist er da.

Er ist das Gefühl, das uns überwältigt, wenn wir zum Sternenhimmel emporblicken und uns in die Unendlichkeit des Universums versenken. Er ist das Frösteln, wenn du an einem schönen Morgen aufwachst und die lebenspralle Luft atmest, deren Duft du von irgendwoher zu kennen meinst. Er ist das Geheimnis, das sich hinter unseren Fragen verbirgt, wenn wir über den Beginn der Zeit oder die Grenzen des Universums nachdenken.

Er ist ein Gefühl des Unbegreiflichen.

Manche Menschen werden dir erzählen, dass es keinen Gott gibt. Sie werden sagen, dass Gott nur eine Krücke ist, die die Wirklichkeit erträglicher machen soll, eine Märchengestalt für jene, die ohne Mythen nicht leben können. Sie werden rationale Deutungen für den Ursprung des Universums vorbringen und wissenschaftliche Erklärungen für die Bewegungsgesetze der Natur abgeben. Sie werden auf das Böse und die Ungerechtigkeit in der Welt hinweisen und Beispiele nennen, in denen Religionen missbraucht werden, um Kriege zu führen oder Menschen anderen Glaubens zu verletzen.

Mit solchen Menschen kann man nicht über diese Fragen reden, ja, man sollte es gar nicht versuchen. Diese Menschen meinte der chinesische Philosoph Chuang Tzu, als er sagte: »Mit einem Frosch im Brunnen kann man nicht über das Meer sprechen.«

Wenn du einen Sinn für das Geheimnis des Universums hast, dann wirst du auch das ferne Rauschen des Meeres hören können. Deine Aufgabe ist es dann, den Brunnen zu verlassen, unter die Sonne zu treten und dich auf die Reise zum Meer zu machen. Überlasse das Argumentieren jenen, die die Höhe und die Form der Mauern diskutieren möchten, von denen sie umgeben sind.

Aber der Entschluss, aus dem Brunnen herauszuspringen, fällt nicht leicht. Um das große Geheimnis zu erklären, das wir Gott nennen, haben viele bedeutende Menschen ganz unterschiedliche Gleichnisse erzählt, ganz unterschiedliche Bilder gewählt und ganz unterschiedliche Wahrheiten vorgetragen. Nicht selten erscheinen diese Darstellungen uns heutigen Menschen naiv oder grotesk oder einander widersprechend.

Wie sollen wir den richtigen Weg finden, wenn die Wege, die sich uns aufdrängen, zu einem Gott mit weißem Bart führen – oder zu Religionen, die Frauen unterdrücken, Kinder erschrecken und Menschen anderer Glaubensrichtungen verdammen? Wie sollen wir Wege zu Gott akzeptieren, die uns den Glauben an wenig plausible Mythologien abverlangen und denen es mehr um das Urteilen als um die Liebe zu tun ist?

Wenn du zu denen gehörst, die das Rauschen eines fernen Meeres vernehmen, dann darfst du dich durch die Naivität und Widersprüchlichkeiten der verschiedenen Bekenntnisse nicht abschrecken lassen. Diese Lehren haben ihre Berechtigung für Menschen, die durch sie etwas erhalten. Es gibt viele Wege zum Meer, und der Ozean stellt sich von allen Wegen aus gesehen an-

110

ders dar. Deshalb steht es dir nicht zu, die Wege der anderen zu beurteilen, vielmehr musst du einen Pfad finden, den du selbst gehen kannst.

Wie aber findet man einen solchen Pfad?

Die meisten von uns sind entweder in der Tradition eines streng vorgegebenen Weges aufgewachsen, oder aber sie mussten sich selbst nach einem Weg umtun, weil ihre Eltern zu verunsichert waren, um ihnen eine bestimmte Richtung zu weisen.

Diejenigen von uns, die in der Tradition eines bestimmten Weges aufgewachsen sind, haben wenigstens gelernt zu glauben, doch sie wissen nicht, wie sie suchen sollen. Sie wissen vielleicht, dass es das Meer gibt, doch sie glauben nicht mehr, dass der überlieferte Weg gangbar ist und verharren deshalb unentschlossen und sind unfähig, sich fortzubewegen. Jene, die nicht in der Tradition eines Bekenntnisses aufgewachsen sind, können zwar frei von inneren Blockaden suchen, aber sie haben nicht gelernt zu glauben. Sie starren sehnsüchtig auf die zahllosen Wege, sind aber außer Stande, entschlossen einen von ihnen einzuschlagen.

Von zahllosen Menschen umgeben, die überhaupt nicht mehr suchen, eingeschüchtert durch jene anderen, die mir nichts dir nichts einen offenbar zweifelsfreien Weg gefunden haben, und von dem ewigen Rauschen des Geheimnisses verfolgt, das uns anruft und nicht loslässt, stehen wir wie erstarrt da.

Zunächst müssen wir damit beginnen, uns so zu akzeptieren, wie wir sind. Wir alle haben bestimmte charakterliche Vorzüge. Einige von uns zeichnen sich durch ihr Mitgefühl aus, andere durch ihren Humor, wieder andere durch ihre Selbstdisziplin. Manche lassen sich besonders von menschlicher Schönheit berühren, andere von der Erhabenheit der Natur. Manche reagieren empfindlich auf die Ungerechtigkeiten des Lebens, andere sind besonders empfänglich für die Güte, der man allenthalben begegnen kann. Das alles sind Ausgangspunkte, das heißt, Orte des Glaubens. Du musst nur deine besondere Begabung entdecken – den Quell deines Glaubens – und herausfinden, wie du diese Begabung am besten nutzbar machen kannst.

Bisweilen stelle ich mir Gott wie eine große Symphonie vor und die einzelnen Wege als die Instrumente eines Orchesters. Die Begabung, die du hast, ist wie eine Melodie, die darauf wartet, gespielt zu werden. Du musst nur das Instrument finden, das sie am besten zum Klingen bringt. Du allein kannst niemals alle Instrumente gleichzeitig spielen, und deine Melodie mag auch nicht für alle Instrumente gleichermaßen tauglich sein. Du kannst lediglich Ausschau nach dem Instrument halten, das am besten zu dir passt, es so gut spielen, wie du es vermagst, und deine Melodie in die große Symphonie der göttlichen Schöpfung mit einbringen.

Ich habe einmal mehrere Monate in einem Benediktinerkloster in British Columbia verbracht. Ich schuf damals eine Skulptur für die Mönche, deshalb bemühte ich mich, etwas von ihrer spirituellen Vision in mich aufzunehmen. Ihre Vision war von strenger und karger Art. Die gottsuchenden Mönche tauchten ein in einen spirituellen Rhythmus von Arbeit und Gebet, mit dem Ziel, das äußere Selbst wie eine Hülle abzustreifen und nur mehr den jahrhundertealten Rhythmus des Glaubens zu offenbaren, der die benediktinische Spiritualität ausmacht. Die Mönche, so erschien es mir, suchten die Begegnung mit dem dreieinigen Gott, der das Selbst wie einen schwachen Schrei in der Ferne verhallen lässt, bis es schließlich ganz erlischt.

Ich empfand eine gewisse Abneigung gegen diese benediktinische Spiritualität. Sie war mir zu düster. Aber eines Tages zog mich der Abt, der ein scharfsinniger Mann war, beiseite und sagte: »Bleiben Sie in der Maschine. Sie wird auch Sie reinigen.«

Und er hatte Recht. Obwohl ich wie ein Tourist, der durch ein fremdes Land reist, nur die Oberfläche ihres Glaubens berührte, fühlte ich mich von dem dreieinigen Gott ihrer Wahrheit immer stärker emporgehoben. Eine große spirituelle Weite erfasste mich, in der keine fernen Lagerfeuer mehr flackern, sondern nur mehr die große, Ruhe spendende Dunkelheit der Unio mystica spürbar ist. Um mich herum erklang die von dem vollkommen gestimmten Instrument der benediktinischen Spiritualität erzeugte Himmelsmusik. Hätte ich nicht bald darauf meinen Abschied genommen, wäre ich gewiss über kurz oder lang völlig in dieser Musik aufgegangen.

Aber das benediktinische Christentum war nicht mein Instrument, und ich wandte mich davon ab, sobald meine Zeit in dem Kloster abgelaufen war. Meine spirituelle Melodie war anders, und so musste ich das Instrument noch finden, das sie zum Klingen bringen konnte. Gleichwohl hatte ich von der Wahrheit dieses christlichen Ordens einen kurzen Blick erhaschen können, und in der Tat erklang diese Musik auf einem schön gearbeiteten, kostbaren Instrument des Geistes. Dass ich mich nicht entscheiden konnte, dieses Instrument zu erlernen oder mich von ihm spielen zu lassen, ändert nichts an seiner Schönheit und Wirklichkeit. Es spielt seine Rolle in der göttlichen Symphonie, und das Orchester wäre gewiss ärmer, wenn die große Stimme der Benediktiner nicht erschallen würde.

Wenn du eine Tradition kennen lernst, die die Musik deines Glaubens zum Klingen zu bringen vermag, so habe keine Angst, dich darauf einzulassen. Die religiösen Traditionen sind entstanden, weil sie jenen grundlegenden spirituellen Wahrheiten Ausdruck verleihen, die vielen Menschen gemeinsam sind. Sie weisen einen Weg zum Meer, der schon von vielen gegangen wurde und deshalb relativ einfach zu finden ist. Solltest du eine Tradition entdecken, die deinen Geist anspricht, dann verschreibe dich ihr mit ganzem Herzen. Lies ihre heiligen Bücher. Beteilige dich an den Ritualen. Und gehe die von dieser Überlieferung gewiesenen Wege des Glaubens.

Falls dein Gottesglaube für dich jedoch eine ganz persönliche Sache ist, die du in deinem Herzen mit dir allein ausmachen möchtest, fürchte dich nicht, diesen Weg zu gehen. Befasse dich mit der Weisheit der Mystiker und Visionäre, die Gott von Angesicht zu Angesicht begegnet sind. Bewahre und pflege jene Eigenschaften des Herzens, die dich Gott jeden Tag etwas näher bringen.

Vergiss jedoch eines nicht: Spirituelles Wachstum wird nur durch Übung geformt und vervollkommnet. Ein Instrument muss immer wieder gespielt werden, um gut zu klingen. Ein Weg muss beschritten werden, damit er zum Ziel führt. Ob durch Gebete, Meditation, Huldigung oder gute Werke – dein Ziel sollte es immer sein, die spirituelle Erfahrung zu vervollkommnen. Denn zu einem tiefen spirituellen Verständnis gelangt nur, wer sich der spirituellen Disziplin unterwirft, den eigenen Glauben auch zu praktizieren.

Gleichwohl wirst du zwischenzeitlich immer wieder einmal das Gefühl haben, dass du vom Weg abgekommen bist. Du wirst dich zu müde fühlen, um weiterzugehen, oder andere Dinge erscheinen dir wichtiger. Womöglich verstärkt sich der Eindruck, dass dein Glaube nur einer Augenblicksbegeisterung entsprungen war. Vielleicht spürst du auch, wie dich das Gemeine zunehmend anzieht. Oder dir ist einfach alles egal.

Gehe nicht zu hart mit dir ins Gericht, wenn das passiert. Deine spirituelle Reise ist so lang wie dein Leben. Und du wirst unterwegs ebenso durch dürre Landstriche ziehen wie durch Gegenden voller Pracht. Doch wenn du dich erst einmal auf den Weg gemacht hast, wirst du nie mehr umkehren. Sorge nur dafür, dass du nicht auf der Stelle trittst.

Vor allem musst du an deinen Weg glauben. Folge ihm, so gut du kannst, ändere die Richtung, falls notwendig. Doch gib niemals die Suche nach dem Meer auf. Je näher du dorthin gelangst, desto lauter wird das Rauschen, und das wiederum wird dich in deinem Glauben bestärken. Du magst dich nicht auf dem Pfad wiederfinden, den du erwartet hast, und dennoch wanderst du einen Pfad entlang.

Vielleicht ist Gott für dich zunächst nur eine Vorstellung, vielleicht aber auch ein Ordnungsprinzip. Vielleicht erfährst du Gott in deinem Glauben als ein lebendiges Wesen oder aber als den Inbegriff der ungeschiedenen Einheit. Aber wohin dein Weg dich auch führen mag, er wird dich zu einem Ziel führen.

Eine buddhistische Geschichte erzählt von einigen blinden Männern, die versuchen, einen Elefanten zu beschreiben, indem sie die verschiedenen Teile seines Körpers abtasten. Und jeder von ihnen beschreibt den Elefanten entsprechend des Körperteils, das er berührt hat. Das ist der einzige Weg, auf dem wir hoffen können, Gott zu finden.

Verzichte also nicht allein deshalb auf die Suche nach Gott, weil du die eine Wahrheit nicht finden kannst. Wir leben in einer pluralistischen Welt, und nur hartgesottene Dogmatiker wollen nicht wahrhaben, dass die Wahrheit – die spirituelle, kulturelle, politische oder sonstige – verschiedenen Menschen auf verschiedene Art und Weise gegeben wird.

Mache dich auf jenen Weg, der anfangs wie ein sonnendurchfluteter Tag voll herrlicher Düfte und großer Erwartung vor dir erglüht. Dann folge dem einmal eingeschlagenen Pfad.

Nur ein Narr weigert sich, draußen im Sonnenlicht zu wandeln, weil er die Gestalt der Sonne nicht erkennen kann.

Einsamkeit und Abgeschiedenheit

Du solltest Zeit für dich allein verbringen. Ich meine nicht nur Minuten oder Stunden, sondern Tage oder, wenn möglich, Wochen. Zeit, die wir allein verbringen, zahlt sich hundertfach aus, weil sie unseren Geist auf den Prüfstand stellt.

Die Zeit des Alleinseins wird dir immer wieder rasch vor Augen führen, ob du mit dir im Reinen bist oder ob du den Sinn deines Lebens einzig in den oberflächlichen Verrichtungen des Alltags suchst. Und solltest du dich tatsächlich in den oberflächlichen Belangen des Alltags verloren haben, dann wird eine längere Zeit des Alleinseins – also der Stille oder Abgeschiedenheit – dich so intensiv mit dir selbst konfrontieren, dass du dadurch an innerer Einsicht und Stärke gewinnst.

Und das ist nichts Geringes. Wir können unsere Tage leicht durch irgendwelche Aktivitäten ausfüllen. Wir kaufen und verkaufen, gehen hierin und dorthin. Und so gibt es immer etwas zu tun, und wir kommen nie dazu, in jenes stille Gewässer zu blicken, als welches sich das Leben jenseits der Geschwätzigkeit unseres Geistes darbietet. Wenn wir nicht auf der Hut sind, können wir dieses alltägliche Getriebe samt den zugehörigen Gedanken und Gefühlen nämlich sehr leicht für den eigentlichen Sinn unseres Lebens halten. Wir machen aus unserem Dasein eine unendliche Reihe von Aufgaben, die uns rund um die Uhr beschäftigen – und dennoch verlässt uns niemals das Gefühl, unerledigten Arbeiten atemlos hinterherzuhetzen.

Unerledigte Dinge gibt es immer. Wir werden sterben und dennoch einen Haufen unerledigter Dinge zurücklassen. Es macht deshalb keinen Sinn, sämtliche denkbaren Arbeiten und Pflichten abhaken zu wollen. Denn sie sind ohne Zahl. Du solltest daher lieber den Rhythmus des Lebens akzeptieren und wissen, dass du bisweilen innehalten und Atem schöpfen musst, unerheblich, wie viel Arbeit noch vor dir liegt.

Auch wenn es mystisch und abstrakt klingt: Das Universum hallt von einem ewigen Ton wider, der schon vor unserer Geburt da war und auch nach unserem Tod weiterschwingen wird. Freilich hören wir diesen Ton im Lärm und Getriebe des Alltags meist nicht. Er steht für eine Einheit, die unser individuelles Dasein übersteigt und uns – so gut es eben geht – mit der Tatsache und Unvermeidlichkeit unseres Todes versöhnt. Und er lässt uns an etwas Größerem teilhaben, als wir es selber sind.

Diese Erfahrung teilt sich uns nur im Zustand der Abgeschiedenheit mit. Für viele Menschen ist »Abgeschiedenheit« nur ein poetischeres Wort für Alleinsein. Doch das Alleinsein für sich genommen ist gar nichts. Aus dem Alleinsein kann Einsamkeit geboren werden oder auch Abgeschiedenheit, ein Zustand des inneren Friedens, der inneren Stille und Sammlung, der in scharfem Gegensatz zur Einsamkeit steht.

Einsamkeit ist wie der Aufenthalt in einem bedrohlich leeren Zimmer. Sie ist ein Zustand der Getrenntheit. Abgeschiedenheit hingegen bedeutet, mit dem Raum eins zu werden. Sie ist ein Zustand der Vereinigung.

Einsamkeit ist eng, Abgeschiedenheit weit. Einsamkeit schließt ein, Abgeschiedenheit öffnet und lässt unsere Grenzen verschwinden. Einsamkeit hat ihre Wurzeln in Worten, in einem pausenlosen inneren Dialog ohne Gesprächspartner. Die Abgeschiedenheit hingegen hat ihre Wurzeln im großen Schweigen der Ewigkeit.

Die meisten Menschen haben Angst vor dem Alleinsein, weil sie nur die Einsamkeit kennen. Sie glauben, dass sie sich gleichsam in nichts auflösen, wenn ihnen die Welt nicht in Gestalt der Reaktionen eines anderen Menschen den Spiegel vorhält.

Ohne ihr eigenes Spiegelbild bekommen sie Angst, geraten regelrecht in Panik. Sie fühlen sich in der Welt nur so lange sicher und heimisch, wie ihnen die anderen ihre Bedeutung – auf welche Weise auch immer – bestätigen. Sind sie hingegen mit sich allein, erscheint ihnen ihre eigene Existenz bodenlos, weil niemand auf sie reagiert.

Abgeschiedenheit handelt davon, im Frieden mit dem Gewebe des Daseins zu sein. Unser »Ich« tritt aus dem Zentrum unseres Denkens heraus, sodass andere Aspekte des Lebens Geltung erhalten.

Doch dies alles vollzieht sich nur in jener ungetrübten Stille, in der wir aufhören, in Worten zu denken, und in der nicht mehr unsere Hoffnungen und Erinnerungen die Grenzen unseres Denkens definieren.

Manche Menschen fühlen sich zu diesem Zustand auf eine natürliche Art und Weise hingezogen. Andere haben ihn bereits in ihrer Kindheit in Stunden der Tagträumerei kennen gelernt. Wieder andere haben ihn während eines erzwungenen Alleinseins erfahren, das plötzlich auseinander brach in sonnenhelles Verstehen. Und schließlich gibt es jene, die ihr Leben in hektischer Betriebsamkeit verbringen und nie etwas davon erfahren werden. Trotzdem ist er keinem von uns verschlossen.

Wir müssen diesen Frei-Raum der Zeit entreißen – diesen Raum, der niemand an uns herankommen und uns ungestört in der Weite unserer Träumereien verweilen lässt. Je älter du wirst, geborgen im Kreis deiner Familie, gefangen in deinen Verpflichtungen, desto schwieriger, wenn nicht gar unmöglich wird es, sich freizumachen. Aber solange du jung bist, brauchst du dir nur die nötige Zeit zu nehmen und Orte aufzusuchen, wo die Leere widerhallt und Stille klingt.

Obwohl man solche Plätze überall finden kann, ist die unberührte Natur der eigentliche Ort der Stille. Selbst wenn du in Gesellschaft bist, wird die Natur in all ihrer Großartigkeit immer wieder jenes belanglose Geschwätz übertönen, mit dem wir die meisten unserer Tage zubringen. Wenn du indes klug und mutig

genug bist, allein in die Natur hinauszugehen, wirst du des großen Rhythmus', der ewigen Melodie nur umso früher gewahr werden. Und wenn du ihn einmal entdeckt hast, wird er stets für dich da sein, wo du dich auch befinden magst. Die äußere Stille verwandelt sich in innere Ruhe, einen Frieden, bei dem du, wenn nötig, immer wieder Zuflucht suchen kannst, weil du ja weißt, wo in deinem Herzen du die Ruhe findest.

Den meisten von uns gelingt es nur unter erheblichen Schwierigkeiten, von ihrem gewohnten Tempo auf Ruhe, Stille und schließlich inneren Frieden umzuschalten. Um dies zu erreichen, müssen wir meist eine Zeit lang allein sein und am eigenen Leibe erfahren, dass die Minuten wie Gewichte an uns hängen und wir panisch gegen die Grenzen unseres Denkens anrennen.

Aber der Kampf lohnt sich. Denn ganz allmählich breitet sich eine unvorstellbare Stille in uns aus. Wir treten gleichsam in einen farbenprächtigen Garten voller köstlicher Düfte hinaus, und wir sind Lichtjahre von den harten Ecken und Kanten unseres Alltagslebens entfernt. Es ist, als ob unser ganzes Leben von einem neuen Atem erfüllt wäre.

So gelangen wir an innere Orte jenseits des Denkens – wo jeder Laut hörbar und jeder Herzschlag spürbar, wo auch die kleinste Veränderung des Sonnenlichts sichtbar ist. Wir erfahren die Gegenwärtigkeit des Lebens.

In diesem Zustand verändert sich die ganze Welt um uns herum. Ein Baum, den wir betrachten, ist plötzlich kein Gegenstand, kein Objekt mehr, sondern er erscheint uns als Lebewesen. Wir können seine Fülle schmecken, hören in aller Deutlichkeit das Rauschen seiner Blätter, spüren den Gleichklang seines endlosen Tanzes mit dem Wind. Die Stille klingt herrlich wie eine Symphonie. Die Zeit ist unversehens nicht mehr bloß eine Aneinanderreihung von Augenblicken, sondern eine übergangslos fließende Bewegung, die sich vom Rhythmus der Gestirne tragen lässt. Von Einsamkeit keine Spur mehr, die

Stille erblüht wie eine prächtige Blume, und wir sind eins mit dem Puls des Lebens und dem Fluss der Zeit.

Das Gefühl des Friedens, das wir in diesem Zustand erfahren, ist ein unendlich kostbares Geschenk. Es ist aber auch der Schlüssel zur wahren Liebe in unseren Beziehungen. Wenn ein Teil von uns stabil, vertrauensvoll und allein ist, dann sind wir nicht darauf angewiesen, dass ein anderer uns ausfüllt. Wir wissen, dass wir Vorratskammern voller Güte und Selbstwertgefühl in uns tragen, an denen wir jene, die wir lieben, reichlich teilhaben lassen können. Und wir fühlen uns nicht mehr gedrängt, jeden Winkel ihres Lebens auszuspähen oder unsere Leere durch ihre Gegenwart zu füllen.

Menschen, die keine Abgeschiedenheit kennen, werden das nie verstehen können. Sie sind besessen von der Einsamkeit, die ihr Leben durchdringt. Sie stellen unrealistische Forderungen an jene, die sie lieben, weil sie sich von ihnen ein Ende ihrer Einsamkeit erhoffen. Sie verlangen die totale Symbiose als Teil einer Beziehung und fürchten die Freiheit derjenigen, denen sie ihre Liebe zu schenken versuchen.

Tatsächlich wünschen sie sich, dass die von ihnen geliebten Menschen der Gestalt ihrer eigenen Einsamkeit entsprechen. Jene inneren Räume ihres Lebens, die eigentlich reich ausgestattete, persönliche Freiräume sein sollten, sind in Wahrheit nichts anderes als ausgedehnte Sehnsuchtslandschaften, die darauf warten, gefüllt zu werden. Die Liebe dieser Menschen ist wie eine Fessel, und sie begreifen niemals, dass sie durch ihre doch so lauteren Absichten das Leben aus jenen Menschen saugen, denen ihre größte Zuneigung gilt.

Wenn du im Leben wahrhaft glücklich sein möchtest, musst du deshalb die Lehren der Abgeschiedenheit annehmen. Das ist nicht schwer. Du musst nur lernen, still zu werden. Du musst der Ruhelosigkeit widerstehen und das Geplapper und das Wirrwar von dir abperlen lassen – bis sich der Raum öffnet, in dem die

Zeit grenzenlos wird und die Sehnsucht erlischt. Sei geduldig. Lass die Dinge geschehen. Die Abgeschiedenheit ist ein Ort, an den du gelangen kannst, sie ist keine Entscheidung, die du triffst.

Sieh dir die Welt um dich herum an. Der Berg ist nicht ruhelos in seinem Alleinsein. Der Habicht, der am Himmel seine Kreise zieht, sehnt sich nicht nach der Vereinigung mit der Sonne. Berg wie Habicht leben im Frieden ewiger Gegenwart, und diesen Frieden kann man nur in der Abgeschiedenheit finden.

Entdecke diesen Frieden in dir selbst. Suche die Orte auf, wo die Abgeschiedenheit regiert. Nimm die Lehren der großen Stille in dich auf, und du wirst in deinem Leben nie mehr einen einzigen Augenblick der Einsamkeit erfahren.

Reisen

Ich kenne keinen, der nicht wenigstens einmal von Reiselust oder Fernweh erfasst worden wäre. Der Reiz des Abenteuers, der Wunsch zu erfahren, wie die Welt hinter dem nächsten Hügel aussieht, solche Sehnsüchte steigen immer wieder in uns auf und locken mit unbekannten Liedern und nie gesehenen Orten.

Doch nicht in jedem erklingt die Sirenenmusik der Ferne mit gleicher Intensität. Manche Leute können dieses Verlangen mühelos verdrängen zugunsten des bodenständigeren Wunsches, sich beruflich einzurichten, ein Haus zu bauen und eine Familie zu gründen. In anderen dagegen tost das Fernweh unaufhörlich wie die Brandung des Meeres, wie stark ihr Wunsch, sich häuslich niederzulassen, auch sein mag.

Ich glaube, du solltest diesem Ruf der Ferne folgen, solange du noch jung bist. Nutze die Gelegenheit, und höre auf die Stimmen, die dich zur Erkundung ferner Länder und Orte rufen. Führe, wenn auch nur vorübergehend, das Leben eines Reisenden. Du wirst dieses Leben lieben und niemals vergessen.

Ich möchte dir von einer Erfahrung aus meinem Leben berichten. Vielleicht hilft sie dir, mich zu verstehen.

Seit dem Morgen hatte es pausenlos geschneit. Als wir den letzten Kontrollposten erreichten, fuhren wir bereits durch eine Welt aus wirbelndem Schnee.

Vor uns ragte – in Nebel und Dunst und Schneegestöber eingehüllt – die große schwarze Wand von Brooks Range auf.

»Da oben schneit es wie verrückt«, sagte der Mann in der Schutzhütte des Checkpoints. In den Armen hielt er eine Flinte. »In den nächsten Tagen machen wir den Laden hier für den Winter ganz dicht.«

Mein Blick folgte der engen Schotterstraße, die hinter dem Posten im Nebel verschwand. Vielleicht war sie befahrbar, vielleicht aber auch nicht. Man sah der Piste an, dass sie hastig von den Bautrupps angelegt worden war, die zwischen Fairbanks und Prudhoe Bay die Alaska-Pipeline verlegt hatten. Sie war nichts als aufgehäufter Schotter, der eine einsame Schneise durch die zerklüftete Wildnis Alaskas schnitt. An etlichen Stellen, wo die Fahrer von Tanklastern die Kontrolle über ihr Fahrzeug verloren hatten und in die Tiefe gestürzt waren, mahnten seitlich der Straße roh gezimmerte weiße Kreuze zur Vorsicht. Wir befanden uns an einem Ort namens Disaster Creek, dem letzten Außenposten der Menschheit vor Brooks Range und der endlosen Tundra. Jenseits der steil aufragenden Felsen von Brooks Range gab es für zweihundertfünfzig Kilometer keine menschliche Behausung mehr. Die nächsten Ansiedlungen waren dann erst wieder die Wohnwagen und die Quonset-Hütten von Deadhorse und Prudhoe Bay.

Ich ging zu dem Fahrer eines Tanklasters hinüber, der gerade über den Pass gekommen war. Sein Truck war eisbedeckt.

»Können wir es schaffen?«, fragte ich.

»Habt ihr Ketten dabei?«

»Nein«, entgegnete ich.

»Dann würde ich's nicht versuchen«, sagte er.

Ich erzählte es den anderen. Sie überstimmten mich. »Jetzt, wo wir schon so weit gekommen sind, da können wir doch nicht einfach umkehren.«

Zögernd stieg ich wieder in den Kleinbus ein, und wir fuhren los. Der Wagen schlingerte, als wir uns auf der holprigen Schotterpiste in Bewegung setzten. Binnen kurzem gerieten wir in einen heftigen Schneesturm. Wir konnten vor uns nichts erkennen, und die enge Straße hatte rechts keine Leitplanken. Sollte plötzlich aus dem Schneegestöber ein Lkw hervorschießen oder unser Wagen ins Schleudern geraten, dann mussten wir unweigerlich in einen Abgrund stürzen, aus dem man nicht einmal unsere Leichname würde bergen können. Sechs Tote. Sechs weiße Kreuze. Sonst nichts.

Der Fahrer gab Gas, und wir schossen im schwachen Licht der Scheinwerfer mitten in das Gestöber hinein. Er konnte das Tempo nicht verringern, weil wir sonst auf der ansteigenden, eisglatten Schotterpiste steckengeblieben wären. Falls wir anhalten mussten, konnten wir nicht umkehren, weil die Straße dafür zu eng und die Bodenhaftung unseres Wagens zu unsicher war. Wir waren auf einem Gebirgspass gestrandet, wo es zwar reichlich Grizzlys gab, dafür jedoch im Umkreis von mehr als zweihundertfünfzig Kilometern keine Menschenseele.

Mehrmals übersah der Fahrer fast eine Kurve, und während der Wagen zurück auf die Straße bockte, wirbelten die Räder Rollsplitt in das Schneetreiben über dem Abgrund.

Niemand sagte ein Wort. Wir saßen stumm da, lauschten unserem Herzschlag und hielten uns krampfhaft an den Sitzen fest. Der Angstschweiß stand mir auf der Stirn, ich war felsenfest davon überzeugt, dass wir nicht mit dem Leben davonkommen würden. Diesmal, sagte ich mir, habe ich einen Fehler gemacht. Diesmal bin ich zu weit gegangen.

Dann plötzlich verstummte der Schneesturm – und gab den Blick frei auf majestätische Berggipfel, die beiderseits der Straße aufragten. Und in der Ferne vor uns lag die größte Ebene, die ich je in meinem Leben gesehen hatte. Eine blendend weiße Fläche erstreckte sich bis zum Horizont, so unendlich weit, dass man die Krümmung der Erde erkennen konnte. Den Pass hinter uns lassend, folgten wir langsam der Straße zur Ebene hinunter. Nackte Angst wich freudiger Hochstimmung.

Am Rande des grenzenlosen Landes angekommen, hielten wir an. Die Gebirgswinde waren hier nicht mehr spürbar. Wir traten in eine überwältigende Stille hinaus. Vor uns wogte das Land wie ein riesiges schneebedecktes Meer. Der Himmel war in ewiges purpurnes Zwielicht getaucht, es schien, als ob der Fluss der Zeit sich froststarr über die Erde gelegt hätte.

Die Endlosigkeit und der Rhythmus der Landschaft waren schwindelerregend. Mein Gleichgewichtssinn geriet ins Wanken, ich konnte nicht mehr einschätzen, ob das nächste Wellental nur dreißig Meter oder fünfzehn Kilometer von uns entfernt war.

In der Ferne erhob sich eine Gebirgskette, die die Grenzen meines Blicks sprengte. Wie eine Krone überragte sie den Horizont, und ihre schneeglitzernden Gipfel verloren sich im opalfarbenen Himmel.

Ich verlor den Halt. Eine dröhnende Stille himmlischen Ursprungs lag über der gigantischen Landschaft, die Felsbrocken wie Kiesel erscheinen ließ. Lavendelfarbene Wolkenbänke schoben sich weit im Norden wie Gebirge über den glühenden Himmel. Wo die Erde aufhörte und der Himmel begann, war nicht deutlich zu erkennen. Ich war in eine Traumwelt geraten, die zu groß war für mein Vorstellungsvermögen.

Immer wieder drehte ich mich im Kreise und versuchte, dies alles in mich aufzunehmen. Doch die Dimensionen waren unfassbar. Vor Antritt meiner Reise hatte ich erwartet, einem Naturwunder zu begegnen, doch bei weitem nichts, was diesem Erlebnis gleichkam. Es war, als ob nicht ich die Landschaft erfuhr, sondern als ob die Landschaft mich erführe.

128

Ich war nicht länger ich selbst. Neue Wahrheiten durchrauschten mich wie ein kosmischer Luftstrom. Farben, wie ich sie nie zuvor gesehen hatte, und räumliche Dimensionen, die selbst meine kühnsten Träume überstiegen, überwältigten mich und öffneten mir bis dahin unbekannte Regionen meines Geistes. Ich wurde von Schwindel erfasst und war völlig orientierungslos. Mein altes Selbst hatte sich von mir gelöst wie eine falsche Haut, und seinen Platz nahm jetzt etwas Neues, Größeres ein, von dem ich nichts wusste.

Nie mehr würde ich derselbe sein.

Ja, das ist sie, die Magie des Reisens. Jeder Reise. Du verlässt wie eine Raupe, sicher in den Kokon deines Wissens und deiner Identität eingebettet, dein trautes Heim. Doch wenn du dann unterwegs bist, wirkt plötzlich die Welt in ihrem ganzen Reichtum auf dich ein. Du begegnest Menschen, die du nicht besser hättest erfinden können; du gerätst in Situationen, die du dir nicht besser hättest ausmalen können. Deine eigene Welt, in der bis dahin dein ganzes Leben Platz gefunden hat, wird unversehens immer kleiner, bis von ihr nur mehr ein winziger Punkt in Zeit und Raum zurückbleibt.

Und du kehrst als ein anderer Mensch nach Hause zurück.

Du musst nichts weiter tun, als dich dem Unbekannten preiszugeben. Das muss nicht unbedingt in einer riesigen, unwirklich schönen Ebene am Rande der Arktis geschehen. Es kann sich auch auf einem schönen Spaziergang in einem Wald in Wisconsin ereignen oder an irgendeiner Straßenecke in Nairobi. Was zählt, ist einzig, dass du die Bequemlichkeit deiner gewohnten Welt hinter dir lässt und dich Eindrücken öffnest, die in deinem Alltagsleben einfach nicht vorkommen.

Und so verblassen in deinem Bewusstsein allmählich die vertrauten Bilder, und du treibst in einer Welt völlig neuer Erfahrungen dahin. Deine Gedanken und Sorgen verändern sich. Deine Gefühle richten sich auf neue Menschen und Ereignisse. Die

129

Welt erhebt Anspruch auf dein Herz und dein Denken, und du bist – wenigstens für den Augenblick – der Sorgen deines Alltags ledig.

Viele Leute reisen nicht gern. Sie wollen lieber Touristen sein und nur oberflächlich, ohne ihr eigenes Dasein je wirklich zu verlassen, über das Leben anderer Menschen und Kulturen dahinhuschen. Wohin sie auch fahren, versuchen sie, ihre Welt mitzunehmen oder vor Ort jene Welt wieder zu erschaffen, aus der

sie »geflüchtet« sind. Sie wollen nicht die Gewissheiten ihrer Gewohnheiten und Denkweisen in Frage stellen und einsehen, wie klein und beschränkt ihre Erfahrungen in Wahrheit sind. Sie ziehen – durch Geld und Kreditkarten geschützt – von Hotel zu Hotel und begegnen der Welt, durch die sie reisen, kaum je wirklich.

Als Reisender musst du bereit sein, dich dem Augenblick hinzugeben und aus dem Zentrum deines eigenen Universums herauszutreten. Du musst dem Leben der Menschen und der Orte, die du besuchst, völliges Vertrauen entgegenbringen, selbst wenn darüber der Glaube an jenes Leben zerbricht, das du hinter dir gelassen hast.

Du musst den Menschen gegenübertreten und an ihrem Leben teilhaben. Nimm an ihrem Tisch Platz, und durchwandere ihre Straßen. Versuche ihre Sprache zu sprechen: Um ihnen die Geschichte deines Lebens zu erzählen und ihren Geschichten zu lauschen. Beobachte, wie sie sich lieben und wie sie sich streiten, erkunde, was sie schätzen und was sie fürchten. Fühle dich ein in die Freiräume, die sie sich in ihrem Leben geschaffen haben.

Werde Teil ihres Alltags, und du wirst ein Empfinden dafür entwickeln, was es bedeutet, in ihrer Welt zu leben. Wenn du dich ihnen wirklich öffnest – sie umarmst statt über sie zu urteilen –, wird die Schönheit ihres Lebens und ihrer Welt unversehens auch dein Dasein bereichern.

Ziehst du dann weiter, bist du ein Stück gewachsen. Und dir wird klar werden, dass es in dieser Welt unendlich viele Möglichkeiten zu leben gibt, und dass wir jenseits aller sprachlichen und kulturellen Unterschiede allesamt davon träumen, zu lieben und geliebt zu werden und ein Leben zu führen, in dem die Freude gegenüber dem Kummer überwiegt.

Aber das Reisen ist nicht nur romantisch oder exotisch, wie du vielleicht glauben magst. Das Vertraute wird dich nie ganz aus seinem Sog entlassen, und das Gefühl der Entwurzelung wird

131

dich nicht ruhen lassen. Deine Gefühle werden in alle Richtungen geistern, und bisweilen wird es dir vorkommen, als hättest du jedweden Halt verloren. Wenn du allein reist, wird das herzliche Einvernehmen in Familien und Partnerschaften dir das Herz zerreißen, und deine Einsamkeit wird dich in Tiefen deiner Seele stürzen, die dir zuvor völlig absurd erschienen wären.

Aber natürlich gibt es noch weit größere Gefahren. Vielleicht wachst du eines Tages auf und stellst fest, dass du nur unterwegs bist, weil du vor den Problemen und Schwierigkeiten deines eigenen Lebens fliehen wolltest. Oder aber du entdeckst, dass du eine Stunde oder einen Tag oder einen Monat zu lange unterwegs gewesen bist und dass du zu niemandem und nirgendwo mehr hingehörst. Ebenso gut kann es passieren, dass du herausfindest, den Verlockungen des Reisens erlegen zu sein und sklavisch jenes Leben zu meiden, das dich zwingt, an einem Ort zu bleiben.

Solche Dinge geschehen. Aber ist es nicht viel schlimmer, zu denen zu gehören, deren Träume unter der Routine des Alltags begraben sind und die kein Interesse mehr dafür aufbringen, über ihren gewohnten Horizont hinauszublicken?

Ich glaube, das Risiko lohnt sich. Wie sonst willst du das Gefühl kennen lernen, an einem geschichtsträchtigen Ort zu stehen oder das stumme Dröhnen unendlicher Weiten zu hören? Wie sonst erhältst du je Gelegenheit, einem Mann in die Augen zu blicken, der nie eine Schule besucht, nie sein Dorf verlassen hat und deiner Sprache nicht mächtig ist und mit dem du trotzdem etwas gemeinsam hast? Wie sonst willst du mit dem Herzen erfahren, dass die ganze Welt kostbar ist und dass jeder einzelne Mensch und Ort etwas ganz Einzigartiges zu bieten hat?

Und wenn dich Tragödien und tief greifende Veränderungen heimsuchen, wie sonst willst du wirklich verstehen, dass es Tausende, Millionen von Lebensweisen gibt und dass dein Leben in etwas Neues und anderes einmünden wird, das nicht um einen

132

Deut weniger wert ist als das Dasein, das du gezwungen bist zurückzulassen?

Solche und andere Lehren werden tiefe Spuren in deinem Charakter hinterlassen. Du wirst jene Grenzsituationen kennen lernen, in denen deine Angst der Abenteuerlust begegnet und deine Einsamkeit in Heiterkeit umschlägt. Du wirst wissen, wie es ist, wenn man beinahe Reißaus nimmt, es sich dann aber noch einmal anders überlegt. Du wirst mehrfach am Rand eines Abgrunds gestanden und gesprungen sein, weshalb du fortan angesichts einer bedrohlichen Situation in deinem Leben genau wissen wirst, was es bedeutet, Ja oder Nein zu sagen.

Diese Lehren und Erinnerungen werden dich nie mehr verlassen und dich trösten und leiten, während du weiter durchs Leben schreitest.

Während ich hier sitze, kann ich im Geiste jene überirdisch schöne Ebene im Norden Alaskas aufsuchen. Ich kann mich mit italienischen Marmorarbeitern an einen Tisch hocken und warmen Wein trinken, der wie flüssiges Sonnenlicht schmeckt. Ich kann in den Straßen von Brooklyn Frauen mit violetten Kinderwagen bei einem Schwätzchen beobachten. Ich kann einen Blitz zwischen Erde und Himmel zucken sehen, hoch oben in der Wüste von Montana, in einer Septembernacht.

Aber nicht nur das. Weil ich gereist bin, kann ich in den Augen fremder Menschen ferne Welten sehen. Weil ich gereist bin, weiß ich, welche Teile von mir unabänderlich zu mir gehören und welche ich gleichsam willentlich beleben oder zum Schweigen bringen kann. Ich weiß die Segnungen meines eigenen Tisches und die Wärme meines eigenen Bettes zu schätzen. Ich weiß, wie viel im Leben auf Zufall beruht und was für ein großes Geschenk es ist, ganz einfach der zu sein, der ich bin.

Und wenn ich alt bin und mein Körper nicht mehr mitspielt, dann warten meine Erinnerungen auf mich. Sie werden mich aufheben und über Berge und Ozeane hinwegtragen. Und ich werde sie in den Händen halten und drehen und wenden und zusehen, wie sich das Sonnenlicht in ihnen verfängt, während sie in meiner Vorstellung abermals zum Leben erwachen. Ich werde reich sein und in Frieden leben.

Ich wünsche dir ebenfalls diesen Frieden. Es gibt nichts Traurigeres als einen Menschen, der eines Tages auf ein Leben vergeblicher Mühen und vergeudeter Tage zurückblickt und sich fragt: »Was habe ich nur getan?«

Deshalb sollten wir reisen. Wenn wir uns selbst nicht dem Unbekannten aussetzen, stumpfen unsere Sinne ab. Unsere Welt wird klein, und wir verlieren unser Empfinden für das Wunderbare. Unsere Augen erheben sich nicht mehr zum Horizont, und unsere Ohren nehmen von den Lauten und Klängen um uns herum nichts mehr wahr. Unsere Erfahrungen verlieren an Lebendigkeit, und wir verbringen unsere Tage in einer zugleich bequemen und beschränkten Routine. Und eines Tages wachen wir auf und stellen fest, dass wir unsere Träume einfach weggeworfen haben, um uns vor den Unbilden des Tages zu schützen.

Pass auf, dass du nicht einer von diesen Menschen wirst. Die Angst vor dem Unbekannten und die Verlockungen der Bequemlichkeit werden sich verschwören, um dich von den Risiken abzuhalten, denen ein Reisender nun einmal nicht ausweichen kann. Doch wenn du sie eingehst, wirst du diese Entscheidung niemals bereuen. Natürlich wirst du Augenblicke des Zweifels durchleben, wenn du mutterseelenallein im eiskalten Regen irgendwo an einer verlassenen Straße stehst oder wenn du in irgendeinem gemieteten Bett krank mit Fieber darnieder liegst. Aber so schnell solche schmerzlichen Augenblicke auch kommen, so rasch vergehen sie auch wieder. Und am Ende bist du so viel reicher und stärker, so viel klarer in deinem Denken und Fühlen, so viel glücklicher und ein so viel besserer Mensch, dass dir alle Risiken und Nöte, verglichen mit dem Wissen und der Lebensweisheit, die du gewonnen hast, völlig belanglos erscheinen.

134

Ich habe mir einmal in einem Tagebuch die guten Wünsche eines Reisenden notiert. Es heißt dort: »Mögest du immer warme Schuhe, ein weiches Kissen und trockene Kleider dein Eigen nennen.« Ja, das ist alles. Solange du über diese schlichten Annehmlichkeiten verfügen kannst, darfst du getrost von den Sternen träumen.

Die Kraft
des Augenblicks

Ich war fünfundzwanzig Jahre alt, ohne Geld, allein, verängstigt und krank. Ich wohnte in einer Dachstube in der deutschen Universitätsstadt Marburg. Ich hatte keine Freunde, und meine Familie war weit weg. Meine Tage verbrachte ich in einem Antiquitätengeschäft, das von einem verbitterten Alkoholiker geführt wurde, abends wanderte ich dann ziellos durch die Straßen und beobachtete die Menschen, die weder englisch sprachen noch etwas von meinen Sorgen wussten.

Ich war noch nie so allein gewesen.

Die Mutter des Mannes, für den ich arbeitete, war eine sehr kluge Frau. Als zwölfjähriges Mädchen hatte sie gesehen, wie Nazis in ihr Klassenzimmer eingedrungen waren und die jüdischen Kinder mitgenommen hatten. Niemand hatte darüber ein Wort verloren, und der Unterricht war weitergegangen, als ob nichts geschehen wäre. Tag für Tag, Nacht für Nacht musste sie mit ansehen, wie ihre Freunde und Spielkameraden abgeholt wurden.

Sie lernte, die Dinge mit offenen Augen zu sehen – und zu überleben.

Monatelang beobachtete sie, wie ich mit dem Aufruhr in mir kämpfte. Sie sah mich mit den Nachbarskindern im Schatten des Schlosses sitzen und Cartoons zeichnen. Sie sah, wie ich mit leeren Augen in die Ferne starrte, wenn ich mich unbeobachtet glaubte.

Dann eines Tages nahm sie mich beiseite.

»Ich habe Sie beobachtet«, sagte sie. »Ich sehe die Einsamkeit in Ihren Augen. Ich habe beobachtet, wie Ihr Herz sich davongestohlen hat. Sie sind wie viele Leute. Wenn ihnen das Leben zu schwer erscheint, versuchen sie die Schwierigkeiten zu bewältigen, indem sie sich mit der Zukunft trösten. Oder aber sie träumen von den glücklichen Tagen der Vergangenheit. Die Zeit ist ihr Feind. Der Tag ist ihr Feind. Sie wollen mit dem Augenblick nichts zu schaffen haben. Sie leben einzig für die Zukunft oder für die Vergangenheit. Doch das ist falsch.

»Ich habe eine einfache Regel«, fuhr sie dann fort. »Suche stets nach der Kraft des Augenblicks.«

Sie setzte sich neben mich. »Wir können die Kraft des Augenblicks jederzeit und an jedem Ort erfahren. Es handelt sich um solche Augenblicke, in denen wir die Welt mit wahrhaft offenem Herzen erleben. Auslöser kann ein Moment der Liebe ebenso wie des Entsetzens sein. Solche Unterschiede machen sich erst in der Erinnerung bemerkbar. Die Klassenkameraden meiner Kindheit sind tot, doch ich erlebte mit ihnen die Kraft des Augenblicks, als wir einander in die Augen sahen.«

Ich blickte sie von der Seite an und starrte in ihr gütiges, von Falten durchzogenes Gesicht.

»Hören Sie mir gut zu«, fuhr sie dann fort. »Das hier ist eine Situation, in der wir die Kraft des Augenblicks spüren können. Wir beide werden diesen Augenblick nie vergessen. In diesem Moment sind Sie und ich uns näher als irgendjemandem sonst. Ergreifen Sie diesen Augenblick. Halten Sie ihn fest. Kehren Sie ihm nicht den Rücken zu. Er wird vorübergehen, und wir werden wieder sein wie zuvor. Trotzdem ist dies ein besonderer Au-

genblick, und solche Augenblicke sind wie an einer Kette aufge-
reiht und bilden unser Leben. Es liegt nur an Ihnen, sie zu entdecken. Es liegt nur bei Ihnen, sie zu erzeugen und sie auch in
anderen Menschen zu erwecken.«

Sie strich mir mit der Hand über das Haar und gab mir einen
sanften Klaps auf den Kopf.

»Suchen Sie stets nach der Kraft des Augenblicks«, sagte sie
dann und wandte sich wieder ihrer Arbeit zu.

Inzwischen, viele Jahre später, ist meine Freundin, Frau Dupont, tot. Der Krebs holte sie, nachdem unsere Lebenswege sich gekreuzt hatten. Aber ihre Worte werde ich nie vergessen. Heute beurteile ich die Qualität eines Augenblicks nicht mehr nach der Freude oder dem Schmerz, den er mir bietet. Ich versuche vielmehr, möglichst jeden Augenblick so auf mich wirken zu lassen, dass er mein Herz und meinen Geist erfüllt.

Ich weiß, dass ich die Kraft des Augenblicks spüren werde, wenn ich meine Bedürfnisse und Erwartungen hintanstelle. Ich habe solche Situationen erlebt, obwohl mir schwer ums Herz war. Ich bin der Kraft des Augenblicks begegnet, während ich müßig bei einer Tasse Kaffee saß und dem Gesang der Vögel vor meinem Fenster lauschte. Ich habe sie gespürt, während ich mit wildfremden Menschen sprach. Sie kommt daher wie ein Sturmwind der Gnade – unerwartet, unangemeldet – und erfüllt das Leben mit einer unvergesslichen Wärme und Wahrheit. Sie ist ein Geschenk der Seele.

Du solltest lernen, um die Kraft des Augenblicks in deinem Leben zu werben. Sie ist wie eine kostbare Perle. Du kannst sie nicht erzwingen. Du kannst sie nicht künstlich herbeiführen. Aber du kannst sie herbeirufen, wenn dein Herz ruhig ist und du dich vollständig dem gegenwärtigen Augenblick überlässt.

Doch die Kraft des Augenblicks wirst du nie erleben, wenn du Geschehnisse danach beurteilst oder bewertest, ob und wie sie dir nützen oder ob sie zu deinem Glück beitragen. Falls du das tust, ist das Verständnis der Dinge in deinem Selbst begründet, und das Selbst ist durch deine Erwartungen und dein Bewusstsein begrenzt. Nur wenn du dich dem ganzen Reichtum des Universums überlässt, wird das Selbst erhöht und verwandelt. Dann und nur dann wirst du die Kraft des Augenblicks verspüren.

Versuche, Frau Duponts Rat zu befolgen. Wenn du allein und weit von zu Hause entfernt bist, halte Ausschau nach solch besonderen Augenblicken. Wenn du die Hand ausstreckst, um das

Gesicht eines Menschen zu berühren, den du liebst, halte Ausschau nach der Kraft des Augenblicks. Wenn dich auf der Straße ein Irrer mit weit geöffneten Augen anhält, dessen Worte keinen Sinn ergeben, halte Ausschau nach der Kraft des Augenblicks. Sie ist da. Sie wartet auf dich.

Ich weiß nicht sehr viel über Zen. Aber ich glaube, die Kraft des Augenblicks ist das, worum das Zen kreist. Sie ist ein Geschenk des Universums an jene, die sich ganz und gar der Schönheit und Fülle des Augenblicks hingeben und das Leben nicht danach beurteilen, wie die Welt mit ihnen umspringt, oder nach Begriffen wie Glück oder Gewinn suchen.

Frau Dupont war ein Augenblick des Zen in der Kette meines Lebens. Sie erteilte mir eine schlichte Lektion, die die Welt um mich herum erstrahlen ließ.

»Suche stets die Kraft des Augenblicks.« Wenn ich das an dich weitergeben kann, dann überreiche ich dir einen der reinsten und einfachsten Schlüssel zum Glück, die mir das Leben gegeben hat.

Craigs Lektion

Viele junge Menschen, die ich kenne – und viele ältere nicht minder –, stellen sich immer wieder ratlos die Frage, wo eigentlich ihr Platz in der Welt sei.

Einige, besonders junge Frauen, verbringen ihr Leben damit, ihre eigenen Interessen mit denen anderer Menschen zu verschmelzen, bis sie sich zu fragen beginnen, ob sie überhaupt eine eigene Identität besitzen.

Im Bemühen, ganz und vollständig zu erscheinen, versuchen andere, vielfach junge Männer, ihrer Umwelt verzweifelt dadurch zu imponieren, dass sie ihre sämtlichen Errungenschaften und ihre Wichtigkeit ständig vor sich hertragen. Wieder andere, Frauen und Männer, verbringen ihre Zeit damit, schnelle Urteile über Mitmenschen zu fällen, die ihnen anders oder weniger bedeutend als sie selbst erscheinen. Sie versuchen also, sich der eigenen Identität auf Kosten anderer zu vergewissern.

Im Herzen all dieser Menschen sitzt die Angst, dass jemand anders über sie selbst urteilen, ihnen die Maske vom Gesicht reißen und herausbekommen könnte, wie unsicher sie im Grunde sind.

Als ich noch jünger war, wurde ich von dieser Furcht genauso umgetrieben wie alle anderen. Häufig traute ich mich nicht zu handeln, aus Angst, jemand könnte mich beurteilen. Bei anderen Gelegenheiten drängte ich mich in den Mittelpunkt eines Gespräches, weil ich unbedingt für alles, was ich dachte oder tat, die gebührende Anerkennung finden wollte. Ich schloss andere aus. Ich erniedrigte sie. Ich verwies auf ihre Schwächen und Ungereimtheiten, um mich durch ihre Herabsetzung selbst zu erhöhen. Mitunter war mir das bewusst, oft genug aber auch nicht.

Als ich schon lange erwachsen war, half mir dann der Zufallskommentar eines Freundes dabei, mich aus der Unsicherheit, die mein Selbstwertgefühl einfriedete, zu befreien.

Craig und ich waren eng befreundet. Er gehörte zu den Leuten, die jeden Raum, den sie betreten, mit Energie und Leben erfüllen. Er besaß die fast unheimliche Fähigkeit, seine gesamte Aufmerksamkeit auf einen Gesprächspartner zu richten, während dieser sprach. Und so fühlte man sich, sobald er einem zuhörte, plötzlich wichtiger und maßgeblicher als zuvor. Er machte andere Leute einzig durch seine Gegenwart zu besseren Menschen. Und alle liebten ihn dafür.

Craig und ich besuchten die gleiche Universität. Wir hatten eine Menge gemeinsam. Wir hatten beide unsere Probleme mit den Mädchen. Wir waren beide Suchende. Und wir waren uns vielleicht unserer eigenen Schwächen allzu deutlich bewusst. Aber er lebte im Sonnenschein des Geistes, ich dagegen im Licht des Vollmondes. Wir spiegelten einander und offenbarten uns gegenseitig Dimensionen unseres Seins, die sonst wohl niemals zum Vorschein gelangt wären.

An einem sonnigen Herbsttag saßen wir einmal in der Bibliothek, teils an heute längst vergessenen Referaten arbeitend, teils miteinander plaudernd. Irgendwann blickte ich zufällig aus dem Fenster und sah einen meiner Professoren, der unten über den Parkplatz ging. Er war den ganzen Sommer abwesend ge-

144

wesen, und unsere letzte Begegnung vor den Ferien war nicht besonders erfreulich verlaufen. Er hatte mir damals einen Vorschlag gemacht, der mich gekränkt hatte. Deshalb hatte ich entsprechend patzig reagiert. Und seither hatten wir uns nicht mehr gesehen.

»Verdammt«, sagte ich zu Craig. »Der hat mir gerade noch gefehlt.«

»Warum das?«, fragte Craig.

Ich erklärte ihm, was im vergangenen Frühjahr passiert war. »Wir sind im Unfrieden auseinander gegangen«, sagte ich. »Außerdem kann der Typ mich nicht ausstehen.«

Craig trat nun ebenfalls ans Fenster und blickte auf die Gestalt hinab, die unten vorbeiging. »Ich glaube, du siehst das falsch«, sagte er. »Du bist derjenige, der sich abwendet, und das tust du nur, weil du Angst hast. Vermutlich denkt er, dass du ihn nicht leiden kannst, und deshalb ist er nicht besonders freundlich zu dir. So sind die Leute nun einmal. Sie mögen Menschen, von denen sie gemocht werden. Wenn du ihm zeigst, dass du an ihm interessiert bist, dann interessiert er sich auch für dich. Geh doch mal runter und sprich mit ihm.«

Craigs Worte machten irgendwie Sinn. Ich ging also zögerlich die Treppe zum Parkplatz hinunter. Ich setzte mein freundlichstes Lächeln auf und holte meine herzlichsten Gefühle hervor, begrüßte den Professor und fragte ihn, wie er den Sommer verbracht habe. Er sah mich an, aufrichtig überrascht von meiner Herzlichkeit, und legte mir den Arm um die Schulter. Wir verfielen in ein Gespräch, das schließlich in einen längeren gemeinsamen Spaziergang durch den Universitätspark mündete. Als wir den Parkplatz verließen, konnte ich aus dem Augenwinkel noch sehen, wie Craig breit lächelnd oben am Fenster stand.

Es war so einfach. Trotzdem war es mir nie aufgefallen. Wann immer ich anderen Menschen begegnete, hatte ich Angst, die anderen könnten negativ über mich urteilen, während sie doch in

145

Wahrheit ihrerseits befürchteten, ich könne negativ über sie urteilen. Und so lebten wir alle in der Angst, uns wechselseitig nicht wohlgesonnen zu sein, während die Leere, die sich zwischen uns auftat, nur darauf wartete, durch eine schlichte Geste aufrichtigen Interesses ausgefüllt zu werden.

»Menschen mögen Menschen, von denen sie gemocht werden.« Diese Worte zeigten mir die Welt in einem ganz neuen Licht. Fortan sah ich in den Augen der anderen nicht mehr Geringschätzung, sondern den Wunsch nach Zuneigung. Kein zwanghaftes Verlangen, sondern das rein menschliche Bedürfnis, zur Kenntnis genommen und akzeptiert zu werden. Ich begriff allmählich, dass die meisten Menschen gar nicht im Sinn hatten, mein Verhalten zu beurteilen. Sie hofften vielmehr auf eine Gelegenheit, etwas von sich selbst mitzuteilen.

Craig wusste das. Die Zuneigung der Menschen hatte auf ihn dieselbe Wirkung wie die wärmenden Strahlen der Sonne. Er reagierte auf andere Menschen mit spontaner Herzlichkeit, und die anderen liebten es, sich ihm mitzuteilen. Genau das war sein Geheimnis.

Von jenem Tag an bemühte ich mich, mein Leben zu verändern. Das war alles andere als einfach. Noch immer verbrachte ich zu viel Zeit in der Angst vor dem Urteil der anderen. Und noch immer war ich verletzt, wenn arrogante Menschen sich meine Offenheit zunutze machten, um über mich zu lachen oder mich herabzusetzen. Trotzdem stellte ich fest, dass sich mir durch die Zuneigung, die ich anderen Leuten entgegenbrachte, die ganze Welt öffnete.

Ich entdeckte eine Welt voller Menschen, die ich nie kennen gelernt hätte, wäre ich nur meinen ursprünglichen Impulsen gefolgt. Automechaniker, Kassiererinnen, Verrückte, Diebe – und sie alle hatten eine Geschichte zu erzählen. Die Reichen, die Armen, die Mächtigen und die Einsamen – sie alle hatten so viele Träume und Zweifel wie ich selbst.

146

Bauern haben mir etwas über ihre Traktoren, Wissenschaftler über Atome erzählt. Ich erfuhr, wie es ist, wenn man an der australischen Küste aufwächst, oder wie man sich fühlt, wenn man den ganzen Tag Pakete packt. Als ich einmal mit dem Zug durch Kanada fuhr, begann ich ein Gespräch mit einem Mann, den alle anderen mieden, weil er schleppend und undeutlich wie ein Betrunkener sprach. Es stellte sich heraus, dass er einen Schlaganfall erlitten hatte. Er hatte früher für die Eisenbahngesellschaft gearbeitet, mit der wir jetzt reisten, und wir redeten bis spät in die Nacht, während er in allen Einzelheiten die Geschichte dieser Bahnlinie und sämtlicher kleinen Orte, an denen wir vorüberka-

men, vor mir ausbreitete. Als wir uns schließlich trennten, sagte er: »Danke für das Gespräch. Die meisten Leute interessiert das nicht.« Er hätte sich nicht bei mir zu bedanken brauchen, denn das Vergnügen war ganz auf meiner Seite gewesen.

Immer wieder ergeben sich solche Situationen. Wie oft sitzen die Leute stumm da und warten nur auf eine Gelegenheit, ihre Geschichte zu erzählen. Das Mädchen, das alle für hässlich halten, der komisch angezogene Junge mit den seltsamen Manieren, sie haben genauso viel zu erzählen wie die Beliebten, die Erfolgreichen und die Gutaussehenden – oder wie du selbst. Und genau wie du träumen sie davon, dass ihnen wirklich einmal jemand zuhört.

Wenn du auf andere zugehst, wenn du es wagst, andere zu mögen, lösen sich die Wände um dich herum plötzlich auf. Jene, nach deren Aufmerksamkeit du dich sehnst, werden sich dir zuwenden, weil du ihnen deine Aufmerksamkeit schenkst. Jene, die allein oder unsicher sind, werden dich schätzen, weil du ihnen die Chance gegeben hast, ihre Geschichte zu erzählen. Du wirst unendlich mehr Zuneigung und Achtung erfahren, als du dies durch großtuerisches Auftreten erreichen kannst – weil du anderen die Möglichkeit eröffnet hast, ihre Sonnenseite zu zeigen. Auch wirst du nicht etwa von ihnen in den Schatten gestellt werden, sondern du wirst im Lichte ihres Glücks und ihres gesteigerten Selbstwertgefühls zu leuchten beginnen.

Und genau das wusste Craig. Und das war auch der Grund, weshalb er jeden Raum mit seiner Wärme und Energie erfüllte. Er erweckte die Leute gleichsam zum Leben, weil er sich mehr für sie persönlich interessierte als dafür, was sie über ihn denken mochten. Er nutzte die Gelegenheit und trat den Menschen wohlwollend entgegen, ohne sich zu fragen, ob sie ihn mochten oder ob sie seine Zuneigung verdient hatten. Und so erzeugte er jenes gute Gefühl, das dann jene Leere beherrschte, die Menschen zuvor voneinander getrennt hatte.

148

Sich wie Craig zu verhalten, erfordert eine Menge Mut. Man wird dir alle möglichen unlauteren Absichten oder Manipulationsversuche unterstellen. Man wird deine aufrichtigen Motive bezweifeln und deine Offenheit ausnutzen. Aber nichts, was man vorbringen wird, kann dir das Abenteuer nehmen, deine eigene Welt zu vergrößern, indem du dich für die Menschen und Geschehnisse um dich herum öffnest. Was immer man dir auch vorwerfen wird: Nichts kann deine Erkenntnis erschüttern, dass jeder Mensch, dem du begegnest, dein Leben bereichert.

Gehe das Risiko ein. Bringe den Menschen zuerst Sympathie entgegen, und stelle hinterher die Fragen. Achte darauf, wie sich die Welt dir jedes Mal aufs Neue öffnet. Erlebe, wie das Licht, das du auf andere wirfst, hundertfach auf dich zurückgespiegelt wird. Manchmal erzeugen die einfachsten Handlungen die größten Wirkungen.

Die Macht der Kunst

Gestern war Silvester. Abends wurde im Fernsehen ein Konzert wiederholt, das bereits am Silvesterabend 1989 in Berlin aufgezeichnet worden war. Leonard Bernstein dirigierte Beethovens Neunte Symphonie.

Plötzlich erinnerte ich mich wieder, was ich damals über das Konzert gelesen hatte. Es war ein ungewöhnliches Kunstereignis in einer außergewöhnlichen Zeit gewesen. Die Berliner Mauer war gefallen. Die Menschen in Osteuropa waren von einer Freude erfüllt, die wir in Amerika nur erahnen konnten. Es herrschte ein berauschender, Schwindel erregender Freiheitstaumel.

Die Musiker des Orchesters waren aus den Vereinigten Staaten, der Sowjetunion und ganz Europa angereist. Auch die Chöre stammten aus den verschiedensten Teilen der Welt.

Man hatte Leonard Bernstein gebeten, die Leitung der Aufführung zu übernehmen. Da stand er nun, ein Jude, der die dunklen Jahre des Holocaust noch miterlebt hatte, mitten in der Stadt, die sowohl der Inbegriff des Naziregimes als auch später der Teilung der Welt in West und Ost gewesen war. Ihm hatte man die Aufgabe übertragen, gemeinsam mit Musikern und

151

Chorsängern aus aller Welt Beethovens und Schillers »Ode an die Freude« vor den Augen der Völker aufzuführen.

Leonard Bernstein selbst war bereits von seiner tödlichen Krankheit gezeichnet.

Was für ein Augenblick. Was für eine Bestätigung. Was für ein Abschied für einen Mann, der sein ganzes Leben der Macht und der Freude, die Musik geben kann, gewidmet hatte. Die Gesichter der Orchestermitglieder, das Strahlen der Kinder im Chor, die Spannung im Publikum, dies alles bezeugte ein beispielloses Ereignis.

Alles kam an diesem Abend zusammen: die großartige, visionäre und die abgründige, dunkle Seite der deutschen Geschichte; der triumphale Sieg des menschlichen Geistes über die Macht der Politik; Beethovens Musik in ihrer ganzen Erhabenheit und Schillers machtvolle Freiheitsdichtung; die Erinnerung an die Todeslager; die Wiedervereinigung eines Volkes, das lange getrennt gewesen war; das alte Jahr – ein ganzes Zeitalter –, das einer neuen Ära weichen musste, während Mauern einstürzten und eine riesige Welle lange unterdrückter Gefühle über den Erdball rollte.

Bernstein hob seinen Stab, und alles – die Freude, die Trauer, die Macht und die Erhabenheit – war plötzlich zu hören. Die Musik erhob sich über die grauenhafte Erinnerung an sechs Millionen Tote und das qualvolle, viele Jahre während Exil des menschlichen Geistes.

Die Instrumente sangen wie mit einer Stimme. Die Musik schwoll an, erfüllte den ganzen Raum – wie reines, überströmendes Gefühl.

Tränen stiegen mir in die Augen. Ich wurde von Weinkrämpfen geschüttelt. Das war so unendlich viel mehr als ich selbst, so viel mehr als ich je sein würde. Die Musik wirkte wie eine allheilende Arznei und bezeugte zugleich die besten und die grauenhaftesten Möglichkeiten des Menschen. Sie war gleichermaßen Beichte und Freudenfest. Sie war das, was an uns am allermenschlichsten ist.

152

Als das Konzert schließlich vorüber war, fühlte ich mich wie verwandelt. Ein Moment reinster Schönheit hatte wie aus heiterem Himmel meinen Alltag erhellt. Wenngleich durch das elektronische Medium auf Distanz gehalten, hatte ich einen jener Augenblicke miterlebt, wie sie nur die Kunst zu schenken vermag, die es uns Menschen bisweilen erlaubt, etwas aus dem Nichts hervorzuzaubern und es in eine unvergleichliche Größe und Schönheit zu kleiden. Selbst Götter vermögen solche Augenblicke nicht zu überbieten.

Ja, das ist die Macht der Kunst. Und wer sie nicht erfahren hat, ist nur zur Hälfte lebendig. Sie lebt in der Musik, sie lebt im Theater, sie lebt in der Malerei, der Architektur und der Plastik.

Sie kann in den Worten eines Gedichtes oder auf den Seiten eines Romans aufleuchten.

Ich könnte mein Leben nach den Augenblicken einteilen, in denen die Kunst mich verwandelt hat – als ich vor Michelangelos Pietà im Dommuseum von Florenz stand, als ich Dylan Thomas seine eigenen Gedichte vortragen hörte und als ich zum ersten Mal Bachs Cello-Suiten lauschte. Aber nicht nur bei diesen Gelegenheiten wurde ich von der Kunst zutiefst ergriffen.

Nicht minder anregend und aufwühlend ist es, in einem verrauchten Club zu sitzen und zuzuhören, wie Muddy Waters und Little Walter auf ihren Instrumenten Zwiesprache miteinander halten, einem winzigen japanischen Mädchen zu lauschen, das bei einem Jugendsymphoniekonzert eine Violinsonate spielt, in einem Wellblechladen an der Hudson-Bay zu stehen und die grobschlächtigen Inuit-Schnitzereien eines Bären zu betrachten, der sich in einen Menschen verwandelt.

Es kann überall und jederzeit geschehen. Man muss deshalb nicht die geheiligten Stätten der offiziellen Kultur aufsuchen oder der Gegenwart eines Künstlers nachjagen, dem die ganze Welt zu Füßen liegt. Die Kunst kann ihre Magie stets dann entfalten, wenn wir der Schöpfung eines Menschen begegnen, der mit dem kreativen Akt so sehr verschmolzen ist, dass er mit seinem Werk eins geworden ist. Wann immer dies geschieht, bleibt die Zeit stehen, und wann immer wir im Herzen bereit für diese Erfahrung sind, wachsen unserem Geist Flügel, und unsere Vorstellungskraft wirft ihre Fesseln ab.

Du brauchst solche Augenblicke, wenn du ein Leben führen willst, das mehr ist als die Summe beliebiger Alltagsverrichtungen.

Wenn du selbst solche Momente erschaffen kannst – wenn du also Maler oder Dichter oder Musiker oder Schauspieler bist –, dann trägst du einen überaus kostbaren Schatz in dir. Kannst du diese Momente nicht selbst herbeiführen, dann musst du lernen,

154

eine der Künste so zu lieben, dass die Kraft des Kunstwerks eines anderen in dir zum Leben erwachen kann.

Wenn du im Stande bist, die Werke einer Kunstgattung so zu lieben, dass du dich in ihnen verlieren kannst, dann verspürst du in dir das Echo jenes großen Schöpfungsaktes, dem wir alle auf geheimnisvolle Weise unser Dasein verdanken.

Kaum ein Weg führt uns näher zu Gott als dieser.

Frauen und Männer

Es war ein berauschender Sommer. Ich war ein junger Amerikaner, der in Italien lebte. Mein Zimmergenosse war Iraner. Er war ein ruhiger Mann, der unter einem schweren persönlichen Problem zu leiden schien. Er nannte sich sogar Camillo, weil er von den Leuten nicht als Iraner erkannt werden wollte. Wir kamen uns langsam näher und verbrachten viel Zeit miteinander.

Die Italiener haben die Gewohnheit, in der Hitze des frühen Abends auf den Plätzen und Straßen zu promenieren. Die Leute ziehen ihre besten Kleider an und trinken irgendwo einen Campari oder treffen Freunde. Der frühe Abend ist deshalb eine Zeit des Gespräches und der Freundschaft und natürlich auch des Klatsches und Flirtens.

Eines Abends sagte Camillo zu mir, dass sein Freund Reza uns heute auf unserer Stadtpromenade begleiten werde. Reza war laut und wild und hatte stets eine Menge Späße auf Lager. Man konnte wunderbar Unsinn mit ihm anstellen, aber wenn es um ernste Dinge ging, benahm er sich oft reichlich daneben.

Wir machten uns also auf den Weg, als gerade der Mond über den dunstverhangenden Hügeln der Toskana aufging. Es war einer jener magischen Abende, an denen die Konturen der Dinge fast zu klar erscheinen und auf den Straßen eine Art Karnevalstreiben herrscht.

Vor uns gingen drei Mädchen Arm in Arm, wie es in den südeuropäischen Ländern üblich ist. Reza stieß mich an und flüsterte atemlos: »Jetzt, pass mal auf!« Dann lief er an den Mädchen vorbei und machte direkt vor ihnen einen Salto. Ein Affe im Zoo hätte das Kunststück nicht besser vorführen können.

Die Mädchen schreckten zurück und starrten ihn befremdet an. Er ließ ein lautes Lachen vernehmen, kam zu uns zurückgelaufen und deckte uns mit einem persischen Wortschwall ein. Camillo starrte betreten zu Boden. »Was, zum Teufel, sollte das, Reza?«, fragte ich erstaunt.

»Ach, die Frauen«, antwortete er, »die lieben solchen Unsinn.«

Reza war im Irrtum. Frauen lieben solchen Unsinn gar nicht. Vielleicht fühlen sie sich manchmal durch solche Mätzchen geschmeichelt, wenn sie in der richtigen Stimmung sind. Was freilich nicht heißt, dass sie solche Darbietungen wirklich mögen. Denn dieses Macho-Getue verwandelt sie in Objekte des sexuellen Jagdinstinktes und zieht sie gegen ihren Willen in ein sexuelles Katz-und-Maus-Spiel hinein, wobei wir Männer die Rolle eines höchst lächerlichen Katers einnehmen.

Wenige Männer treiben es so weit wie damals Reza. Aber wir reduzieren Frauen durch unser Verhalten oft genug auf den Status von Sexualobjekten. Das kannst du überall beobachten: Männer in Lieferwagen, Geschäftsleute im Aufzug, junge Burschen, die an Straßenecken stehen, Frauen hinterpfeifen oder -rufen, sie anstarren oder peinliche Kommentare abgeben – sie alle glauben offenbar, sie hätten ein Recht auf plumpe Vertraulichkeiten gegenüber Frauen, nur, weil diese nun einmal Frauen sind.

Wie traurig, so etwas mit anzusehen – wie peinlich. Denn dieses billige, ungehobelte Betragen gegenüber Frauen soll doch nur über unsere verzweifelte Faszination von dem anderen Geschlecht hinwegtäuschen.

Diese Faszination ist eine ganz natürliche Sache. Frauen stehen schon in den ersten Tagen nach unserer Geburt im Zentrum unseres Lebens. Sie verfolgen uns in unseren Träumen, sie berauschen uns, sie machen uns wütend. Wir lieben sie, wir hassen sie, wir begehren sie. Bestenfalls versuchen wir, mit ihnen gleichberechtigt umzugehen. Doch in allen unseren Beziehungen hallt das Echo jenes Geschlechtsunterschiedes nach, den wir nicht leugnen können.

Dieses Echo mag real sein. Trotzdem darf es nicht die Basis unserer Beziehung zu den Frauen bilden. Seit Jahrhunderten – vermutlich seit jeher – haben Frauen unter den Erwartungen zu leiden gehabt, die wir ihnen aufgrund des Geschlechtsunterschiedes entgegengebracht haben. Inzwischen sind sie dahin gelangt, ihrer Unzufriedenheit kollektiv Ausdruck zu verleihen. Die Frauen sind mit ihrem Anliegen an die Öffentlichkeit getreten, und wir Männer müssen endlich lernen, in ihnen das zu sehen, was sie wirklich sind.

Dabei bestimmen nicht wir Männer die Tagesordnung. Wir können uns unmöglich die biologischen Bedingungen vorstellen, denen Frauen unterworfen sind, und ebenso wenig, was es für die Psyche bedeutet, sich unentwegt in den Blicken von Männern gespiegelt zu sehen. Auch können wir uns kaum vorstellen, wie frustrierend es sein muss, von Geburt an immer wieder die Grenzen unserer Entfaltungsmöglichkeiten aufgezeigt zu bekommen und immer wieder darauf hingewiesen zu werden, dass unsere Rolle in der Welt scheinbar auf eine merkwürdige Weise durch unsere sexuelle Identität bestimmt ist.

Wenn wir uns anmaßen, die Grenzen zu bestimmen, innerhalb derer Frauenleben abzulaufen haben, oder auch nur unsere Beziehung zu ihnen auf subtile Weise als Abbild der Faszination und des Begehrens zu definieren, das wir ihnen entgegenbringen, so geben wir jener weiblichen Wut Nahrung, die sich inzwischen über so viele Generationen aufgestaut hat.

Wenn Frauen jetzt jene Lebensbereiche erforschen, die ihnen so lange verschlossen waren, müssen wir Männer ihnen aus dem Weg gehen. Gleichzeitig müssen wir prüfen, ob wir selbst noch Spuren jener Einstellungen und Vorurteile mit uns herumtragen, die Frauen oft an den Rand der Verzweiflung treiben. Wir müssen den Reza in uns selbst entdecken und herausfinden, ob wir Frauen unabsichtlich herabgesetzt haben oder ob wir dazu neigen, sie zuerst als Frauen und erst dann als Menschen zu behandeln.

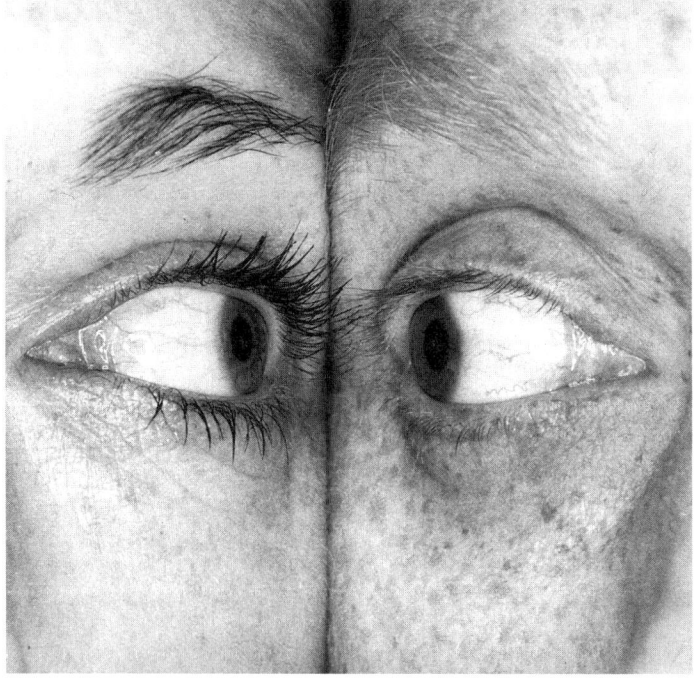

160

Erst wenn sich die Turbulenzen geklärt haben, können wir gemeinsam mit den Frauen nach Wegen suchen, wie wir gleichberechtigte Partner sein können, wenn es darum geht, die Welt zu gestalten, und Liebende, wenn es darum geht, unserer geschlechtlichen Faszination füreinander nachzugeben. Überdies müssen wir zu gemeinsamen Auffassungen darüber gelangen, welche Bedeutung die geschlechtlichen Unterschiede haben und wie die uns alle – als Menschheit – betreffenden Fragen gelöst werden können.

Einfach ist das gewiss nicht. Derzeit weiß wohl niemand, wo genau die Grenzen zwischen dem, was uns gemeinsam ist, und jenem, was uns unterscheidet, zu ziehen sind, und was das im Einzelnen bedeutet.

Wir alle – Männer wie Frauen – betrachten das andere Geschlecht je nach Umständen mit unterschiedlichen Augen. Ein Teil von uns sieht nur den Menschen. Ein anderer Teil sieht vor allem jenes geheimnisvolle »Andere«, das die ganze Spannbreite des Verlangens, der Liebe und des sexuellen Begehrens in uns auslöst.

Wir müssen lernen, mit diesem Widerspruch angemessen umzugehen. Der heutige Kampf für eine – längst überfällige – Gleichberechtigung zwischen Mann und Frau setzt freilich unausgesprochen eine Identität der Geschlechter voraus. Aber wir sind nicht gleich. Auch wenn wir uns über das Wesen und die Bedeutung der zwischen uns bestehenden Unterschiede noch nicht im Klaren sind, so heißt das nicht, dass es solche Differenzen nicht gibt. Wir sind einerseits als Menschen gleich, parallel dazu jedoch auch die beiden Pole einer biologischen und vielleicht emotionalen und spirituellen Gleichung, die erst in ihrer Gesamtheit die menschliche Erfahrung umfasst. Diesen grundlegenden Unterschied zu bestreiten, ist genauso zerstörerisch wie die Leugnung unserer grundlegenden Ähnlichkeit.

Selbst in unserem Kampf um gemeinsame Werte und Maßstäbe dürfen wir dieses Geheimnis nicht aus den Augen verlieren. Männer sind keine Frauen. Frauen sind keine Männer. Die Dynamik zwischen den Geschlechtern wird nie erlöschen. Wichtig ist es deshalb, Rahmenbedingungen zu schaffen, die es gestatten, diese Dynamik zum Ausdruck zu bringen, ohne die Frauen den Erwartungen der Männer zu unterwerfen oder die Männer zu zwingen, sich selbst nur im Hinblick auf die Erwartungen der Frauen zu definieren.

Du gehörst einer Generation an, die die Chance hat, an dieser Aufgabe mitzuwirken. Ihr könnt einem neuen Verständnis von Männlichkeit zum Durchbruch verhelfen. Wenn Ihr es gut macht, wird das eine Männlichkeit sein, die weder sich selbst noch die Frauen durch das billige Geschwätz erniedrigt, das Frauen zu Objekten und die Sexualität zum Sport degradiert. Diese neuen Männer werden sich der tatsächlichen Wirkungen ihrer Gesten und Worte und ihrer gut gemeinten Verhaltensweisen bewusst sein. Und anders als Reza werden sie sich nicht einbilden, dass sie Frauen mit schwachsinnigen Mätzchen imponieren können.

Aber in der Welt, in der du einmal leben wirst, werden sich Männer auch nicht mehr für ihre biologische und emotionale Komplexität zu entschuldigen brauchen. Sie müssen sich nicht mehr nach Maßstäben beurteilen lassen, die sich allein auf ihre sexuelle Identität beziehen.

Mit anderen Worten: In jener zukünftigen Welt werden Männer und Frauen ohne Angst und Vorurteile einander lieben, miteinander lachen und zusammenarbeiten. Sie werden das Fest des Lebens feiern, ohne sich gegenseitig mit Vorwürfen, Entschuldigungen und ungeprüften Annahmen zu quälen.

Da wird einiges von uns verlangt, aber anders kommt keine Veränderung in Gang. Irgendwo muss ein Anfang gemacht werden. Und dieses Irgendwo findet sich in den Autos vor roten Ampeln, in der Enge von Aufzügen oder an den Straßenecken. Dieses Irgendwo befindet sich deinem Herz und Kopf ebenso wie im Herz und im Kopf deiner Freunde.

162

Die Frauen leisten bereits ihren Beitrag und haben dabei mit vielen Widerständen zu kämpfen. Jetzt müssen die Männer beginnen, und auch wir werden uns mächtig ins Zeug legen müssen. Doch die Zeit ist reif für diesen Kampf. Eine der Lehren der Geschichte lautet, dass wir uns die großen Themen nicht selbst aussuchen können, sondern dass diese Themen uns ergreifen. Und die hier besprochene Frage hat von dir und deiner Generation Besitz ergriffen. Es liegt bei dir, diese Herausforderung wie ein Mann anzunehmen – und nicht wie ein Affe.

Liebe

Warum wir uns verlieben, ist ein großes Geheimnis. Ein Rätsel ist auch, wie dies geschieht. Und ebenfalls unerklärlich ist, wann es geschieht. Und schließlich ist es kaum zu ergründen, warum die Liebe bisweilen wächst, in anderen Fällen aber scheitert.

Natürlich kannst du diese Geheimnisse analysieren und nach Ursachen und Gründen forschen, freilich nur um den Preis der lebendigen Erfahrung. Genau wie das Leben selbst, das mehr ist als die Summe der Knochen, Muskeln und Nervenimpulse in unserem Körper, ist auch die Liebe nicht mit der Summe der Interessen, Vorlieben und Gemeinsamkeiten deckungsgleich, die zwei Menschen teilen. Und genau wie das Leben selbst, das zu seiner Zeit kommt und geht, ist auch das Erscheinen der Liebe ein unergründliches Geschenk, dessen Wie und Wann sich nicht erklären lässt.

Bisweilen – hoffentlich wenigstens einmal in deinem Leben – erblüht in uns das Geschenk der Liebe, und wir nehmen es dankbar an und feiern seine unaussprechliche Schönheit. Das ist jedenfalls der Traum, den wir alle teilen. Oft genug freilich kommt die Liebe, ergreift Besitz von uns, durchstrahlt eine Zeit lang unser Leben und geht dann wieder.

Wenn jungen Menschen dies widerfährt, fühlen sie nicht selten den Drang, diese Liebe zu ergreifen und festzuhalten. Dabei wollen sie nicht sehen, dass uns dieses Geschenk ohne Zwang gegeben wird und sich durch Zwang auch nicht festhalten lässt. Wenn sie sich dann »entlieben« oder wenn der Mensch, den sie lieben, ihre Gefühle nicht mehr erwidert, klammern sie sich vielfach verzweifelt an die verlorene Liebe, statt sie als ein Geschenk zu betrachten, das ihnen gegeben wurde, aber nun weitergezogen ist.

Sie wollen Antworten, wo es keine Antworten gibt. Sie wollen wissen, was an ihnen nicht stimmt – weshalb der andere sie nicht mehr liebt –, oder aber sie versuchen, den anderen zu einem Sinneswandel zu überreden, weil sie glauben, es bedürfe nur einer kleinen Veränderung, damit die Liebe neuerlich erblühen kann. Sie machen die Umstände für das Erlöschen der Liebe verantwortlich und versuchen, den anderen dazu zu überreden, gemeinsam mit ihnen woanders hinzugehen und dort ein neues Leben zu beginnen, damit die Liebe neu entstehen kann.

Sie tun alles, um dem, was geschehen ist, einen Sinn abzugewinnen. Aber jenseits der Liebe selbst gibt es keinen Sinn. Und solange diese Menschen die geheimnisvollen Wege der Liebe nicht akzeptieren, treiben sie in einem Meer des Elends dahin.

Das sind ein paar grundlegende Tatsachen über die Liebe, die du kennen und akzeptieren solltest. Was sie dir schenkt, musst du mit wohlwollendem Herzen annehmen. Falls du dich in eine Frau verliebst, die deine Gefühle nicht erwidert, dann gehe nicht mit dir selbst ins Gericht. Deshalb ist nichts falsch an dir. Die Liebe hat sich nur dafür entschieden, nicht im Herzen der von dir angebeteten Frau zu verweilen.

Und wenn eine Frau sich in dich verliebt, du aber ihre Liebe nicht erwiderst, dann fühle dich dadurch geehrt, dass die Liebe an deine Tür klopft, und lehne das Geschenk sanft ab, das du nicht zurückgeben kannst. Nutze die Situation nicht aus, verursache kein Leid. So wie du mit der Liebe umgehst, wird auch die Liebe mit dir umgehen. Wir alle fühlen im Herzen dieselben Schmerzen und Freuden, auch wenn unsere Lebensweise ansonsten höchst unterschiedlich sein mag.

Wenn du dich in eine Frau verliebst, die deine Gefühle erwidert, und wenn die Liebe dann wieder Abschied nimmt – versuche nicht, sie festzuhalten oder nach Ursachen zu suchen. Lass die Liebe ziehen. Ganz gewiss geschieht dies weder grund- noch sinnlos. Du wirst es im Laufe der Zeit erfahren, doch die Zeit selbst wird über den rechten Augenblick entscheiden. Vergiss nicht, dass nicht du die Liebe wählst, sondern die Liebe dich.

Du kannst sie einzig in ihrem ganzen Mysterium hinnehmen, wenn sie in dein Leben tritt. Lass dich ganz von ihr erfüllen, bis sie überfließt und du sie weitergeben kannst. Gib sie jenem Menschen zurück, der sie in dir erweckt. Schenke sie aber auch anderen, die ihrer bedürfen. Schenke sie der ganzen Welt um dich herum, so gut du eben kannst.

Ausgerechnet in diesem Punkt täuschen sich so viele Liebende. Wenn sie sich lange vergeblich nach Liebe gesehnt haben, fühlen sie sich wie ein leeres Gefäß, das gefüllt werden muss. Deshalb meinen sie, die Liebe müsse sich ausschließlich in ihr Herz ergießen, und darüber vergessen sie dann, selbst Liebe zu verströmen.

In der ersten Blüte neuer Liebe leben sie in einem wahren Glücksrausch. Kühlt ihre Liebe dann jedoch wieder ab, erleben sie ihren Wunsch nach Liebe abermals als Defizit. Sie hören auf, selbst Liebe zu erzeugen, und begeben sich stattdessen wieder in die Position des Bedürftigen. Sie vergessen: Das Geheimnis der Liebe besteht ja gerade darin, dass sie ein Geschenk ist und dass sie nur wachsen kann, wenn man sie weitergibt.

Vergiss das nicht, und behalte es in deinem Herzen. Die Liebe hat ihre Zeit und ihre Gründe, zu erscheinen und irgendwann wieder Abschied zu nehmen. Sie lässt sich zum Bleiben weder bestechen noch zwingen oder überreden. Du kannst sie nur von ganzem Herzen ergreifen und verschenken, wenn sie zu dir kommt. Doch wenn sie von deinem oder von dem Herzen der geliebten Frau Abschied nimmt, dann gibt es nichts, was du tun kannst oder solltest. Die Liebe ist immer schon ein Geheimnis gewesen, und das wird auch so bleiben. Sei froh, dass sie gekommen ist, um dein Leben für einen Augenblick zu erhellen. Wenn du dein Herz nicht verschließt, wird sie auch ein weiteres Mal zu dir kommen.

Das Mysterium
der Sexualität

Vielleicht hast du inzwischen die körperliche Liebe mit einer Frau schon kennen gelernt. Falls nicht, so weißt du wenigstens, dass dein Körper sich in einer fast unerträglichen Sehnsucht nach der geschlechtlichen Vereinigung verzehrt. Du bist jetzt in einem Alter, in dem das Verlangen nach einer Frau jeden deiner Tagesgedanken beherrscht und auch noch die größten Belanglosigkeiten deiner Welt färbt.

Darin unterscheidest du dich nicht von anderen jungen Männern. Für mich ist es genauso gewesen, und auch für deinen Sohn wird es so sein. So ist es von jeher gewesen, und so wird es immer sein.

Aber was ist diese Macht? Was kannst du daraus machen, und wie kannst du deinen Frieden damit finden?

Einfache Antworten auf diese Fragen gibt es nicht.

Die Sexualität ist ein Geheimnis, das die Möglichkeiten unseres Denkens bei weitem übersteigt. Sie ist eine jener elementaren Gegebenheiten unseres Daseins, die über den Rahmen unserer Individualität, ja unserer Gattung weit hinausreichen. Sie ist jene

171

Zeugungskraft, die unsere Erde vorwärts treibt, vielleicht sogar das ganze Universum.

Deshalb kann noch so vieles Nachdenken und Räsonnieren dich nicht wirklich auf jenen Augenblick vorbereiten, in dem du erstmals mit deinem eigenen Körper in den Körper einer Frau eintrittst. Dieser eine Akt macht aus dir einen anderen Menschen. Plötzlich und unwiderruflich beginnt dein ganzes Leben von neuem. Deine Grenzen verschieben sich. Dein Bewusstsein vom Leben verändert sich. Du hast teil an etwas viel Größerem, viel Tieferem, als du es dir je hast vorstellen können.

Hast du diese Schwelle einmal überschritten, gibt es kein Zurück mehr. Du kannst nie mehr aufhören, dich nach jenem Gefühl zu sehnen, das du in diesem Augenblick erlebt hast, und du bist unentwegt auf der Suche nach einer Frau, die jene Sehnsucht stillt.

Und genau das ist so verwirrend an der Sexualität. Weil die Sexualität ein körperlicher Hunger ist, kann sie nie wirklich gesättigt werden. Wir können diesen Hunger eine Zeit lang stillen, aber schon bald kehrt er genauso stark wie vorher zurück.

Viele Männer gestatten es sich, diesem Hunger nach Lust und Laune nachzugeben. Sie lassen sich von ihrem Begehren für eine Frau leiten, bis sie Erfüllung finden, und richten dann ihr Augenmerk sogleich auf eine andere Frau, weil sie sich von dieser jetzt stärker angezogen fühlen. Das körperliche Hochgefühl, die überwältigende Empfindung, in den Körper einer neuen Geliebten einzudringen, treibt sie von Frau zu Frau. Worum es ihnen also eigentlich geht, ist die Erfahrung des Staunens und der Freude, die mit der ersten sexuellen Begegnung einhergeht.

Manche dieser Männer lassen sich nur von ihrem Beutetrieb leiten. Viele andere haben jedoch durchaus gute Absichten. Sie glauben so unbedingt an die Totalität und Schönheit der sexuellen Erfahrung, dass sie sich bei ihrer Ehre verpflichtet fühlen, stets weiterzuziehen, wenn der strahlende Augenblick der ersten

172

sexuellen Begegnungen sich verflüchtigt. Sie glauben, dass wahre Liebe mit totaler, allumfassender Leidenschaft identisch sei und wollen sich mit weniger nicht zufrieden geben.

Doch sie umwerben eine große Gefahr. Sie mögen für die Frauen zwar tiefe Liebe empfinden, aber sie können diese Liebe nicht ohne jene allumfassende körperliche Ekstase aufrechterhalten, die am Beginn einer Beziehung steht und im Laufe der Zeit unvermeidlich abkühlt und sich verändert. Sie sind trunken von dem Mysterium der körperlichen Liebe und verbringen ihr Leben damit, jenen ersten Augenblick des schrankenlosen Rausches wieder und wieder zu suchen.

Andere Männer – obwohl bei weitem nicht so viele – spielen mit einer anderen Gefahr. Sie sind trunken von dem Mysterium des Geistes. Sie empfinden die Ewigkeit und Heiligkeit der Sexualität und verlangen, dass diese Gefühle im Mittelpunkt ihrer sexuellen Erfahrungen stehen. Für sie ist die Frau das Gefäß des Mysteriums. Sobald ihre Partnerin sich als ein Mensch mit Hoffnungen, Problemen, Vorlieben und Abneigungen zeigt, verlieren sie das Interesse, weil sie ihnen jetzt keine uneingeschränkt spirituelle Erfahrung mehr zu bieten vermag.

Beide Arten von Männern verletzen die Frauen – aber auch sich selbst und ihre Sexualität. Der erste Typus liebt die Frauen, weil sie ihm Gelegenheit verschaffen, immer wieder jenen alles verzehrenden Augenblick absoluter Leidenschaft zu erleben. Die zweite Kategorie von Männern liebt die Frauen, weil sie ihnen die Chance eröffnen, im alles verzehrenden Erleben einer ewigen Wahrheit zu versinken. Beide Typen haben kein Problem, ihre Sexualität als gesund und heilig und als eine von Liebe erfüllte Feier des großen Mysteriums anzusehen.

Aber beide Typen leugnen letztlich die Menschlichkeit und Individualität der Frauen, die sie lieben. Beiden geht es in Wahrheit um ein alles verzehrendes Geschehen, das gleichsam ihr eigenes Ich vernichtet. Die Frau ist letztlich nur Mittel für diesen Zweck.

173

Selbst wenn diese Männer gegenüber den Frauen, mit denen sie sich sexuell vereinigen, tiefe Dankbarkeit empfinden, so richten sie diese Dankbarkeit jedoch gewissermaßen nicht auf die individuelle Frau, sondern auf die Schönheit und das Mysterium der Frau schlechthin. Wirkliche Dankbarkeit empfinden sie nur gegenüber jenem Gefühl, das die Frauen in ihnen erwecken, nicht jedoch gegenüber der Frau, in deren Armen sie dieses Gefühl gerade erlebt haben. Diese wirkliche Frau, mit der sie den Liebesakt vollziehen, ist in Wahrheit nur ein Mittel zur Erlangung jener Ekstase, und sobald es ihr nicht mehr gelingt, diese überwältigende Empfindung hervorzurufen, gilt sie plötzlich als ungeeignete Partnerin und wird ins Abseits geschoben.

Solche Männer leben im Elend hoffnungsloser Erwartungen und entmenschlichen deshalb die Frauen, auf die sie ihre Erwartungen richten. Auf der Suche nach jenem ewigen Augenblick wandern sie – wie flügellose Engel – blindlings von einer Frau zur nächsten. Und lassen gebrochene Herzen und enttäuschte Träume zurück. Doch das bringt sie nicht etwa zur Besinnung – denn sie glauben, einem höheren Zweck zu dienen.

Ich hoffe, dass du dich nicht zu einem dieser Männer entwickelst. Doch das ist nicht ganz einfach. Die ersten Erfahrungen mit deiner Sexualität werden dir einen überwältigenden Eindruck von deren Macht vermitteln, und es ist nur natürlich, vor dieser Macht in Ehrfurcht zu erstarren.

Eine alte Spruchweisheit besagt, dass wir Menschen mit den Füßen auf der Erde und mit dem Kopf im Himmel leben und dass wir deshalb niemals Frieden finden können, weil wir uns ständig in zwei Richtungen gezogen fühlen. Nirgendwo tritt diese Wahrheit so klar zutage wie in unserer Sexualität. Sie ist gleichsam im Zentrum unseres Seins heimisch und zieht uns in beide Richtungen. Wenn wir uns in unserem sexuellen Verhalten ausschließlich von den Impulsen der Erde, also dem Verlangen nach permanenter körperlicher Lust, leiten lassen, stehen wir

174

nicht höher als die Tiere, und binnen kurzem erscheint uns das Leben leer und unerfüllt. Wenn wir indes versuchen, unsere Sexualität von unserem Körper abzukoppeln, um sie ganz und gar zu vergeistigen, so stürzen wir unvermeidlich auf die Erde zurück, wann immer wir uns in den Himmel aufschwingen möchten.

Wir sind weder Tiere noch Engel. Wir sind etwas anderes – nämlich Menschen –, körperliche und geistige Wesen zugleich, und diese beiden Teile sind unauflöslich miteinander verwoben. In einem menschlich reifen Sexualleben kommen beide Teile zu ihrem Recht und wachsen im Liebesakt zusammen.

Das musst du auch für dich selbst akzeptieren. Reinen Sex praktizieren nur Tiere. In mystischer Wesensschau schwelgen nur Engel. Uns allein ist es gegeben, unsere physische und unsere geistige Seite im Liebesakt zu verschmelzen.

Lerne diesen Akt kennen und begehe ihn festlich. Aber vor allem: Halte ihn in Ehren. Wenn du dich mit einer Frau in Liebe vereinigst, habt ihr gemeinsam an einem der größten Geheimnisse des menschlichen Daseins teil. Setze dich selbst und deine Partnerin nicht herab, indem du sie nur benutzt, um dir einen persönlichen Rausch zu verschaffen.

Nur wenn ihr euch füreinander ohne Einschränkung öffnet, und zwar körperlich und geistig gleichermaßen, wird sich euch dieses Mysterium offenbaren.

Der Liebesakt

Ich werde hier keine Gebrauchsanweisung in Sachen Liebe vor
dir ausbreiten. Was die Situation verlangt, wirst du von ganz allein herausfinden. Sämtliche Bücher der Welt zusammengerech-
net enthalten nicht genügend Seiten, um den Liebesakt erschöp-
fend zu erklären. Denn erstens werden wir das Geheimnis dieses
Geschehens nie wirklich begreifen, und zweitens erlebt jeder von
uns mit jedem Partner diesen Zustand anders.

Doch genau dies übersehen junge Leute häufig. Sie halten Ausschau nach einer »guten« Geliebten und versuchen aus sich
selbst »fantastische Liebhaber« zu machen, indem sie sich in
Büchern über bestimmte Techniken und Positionen kundig machen. Hinterher bewerten sie dann ihre eigenen »Leistungen«
und erteilen ihrer Partnerin Zensuren.

Und dann machen sie für unbefriedigende sexuelle Erfahrungen ihre Partnerin verantwortlich und behaupten, sie sei »nicht
gut im Bett«. Dabei übersehen sie den entscheidenden Umstand,
dass sich der Liebesakt nicht standardisieren lässt. Er ist mit jedem Menschen und für jeden Menschen anders. Er ist eine wun-

dervolle Erfahrung, die zwischen zwei Menschen und nicht etwa
»in« zwei getrennten Individuen stattfindet.

Bisweilen kann es geschehen, dass du dich gemeinsam mit deiner Partnerin im Liebesakt von animalischer Leidenschaft hinreißen lässt. In einem anderen Fall liebkost ihr euch vielleicht
zärtlich, bis ihr in seliger Umarmung in mystischer Vereinigung
schwelgt. In einem dritten Fall empfindest du vielleicht Distanz
oder sogar Widerwillen und bist in Gedanken eine Million
Lichtjahre entfernt. Oder aber die Situation hat einen eher
freundschaftlichen Charakter, ohne zu den schwindelnden
Höhen und Tiefen der Ekstase hinzuführen.

Zudem kann es passieren, dass du dich bei der einen Frau als
glänzender Liebhaber »bewährst« und bei einer anderen vollständig versagst. Oder aber eine Frau, die du als eine eher
schlechte Liebhaberin einschätzt, erweist sich hinterher im Bett
als reinste Offenbarung. Bevor du nicht körperlich mit einer
Frau verschmilzt, weißt du nie, wie du den Liebesakt erleben
wirst, denn erst in der von euch beiden gemeinsam gestalteten
Erfahrung tritt die Wahrheit zutage.

Diese geheimnisvolle Offenbarung verursacht häufig Missver-
ständnisse und gebrochene Herzen, bisweilen aber auch außeror-
dentliche Freuden. Ob es dir gefällt oder nicht, es gibt tatsächlich
so etwas wie eine Chemie der Sexualität. Bisweilen treffen Sexual-
partner zusammen, die im Alltag nichts verbindet, die sich jedoch
sexuell so stark voneinander angezogen fühlen, dass sie sich diesem Begehren nicht zu entziehen vermögen. Es gibt Menschen,
die einen anderen aus tiefster Seele lieben und trotzdem mit ihm
sexuell nicht harmonieren. So sehr sie auch wünschen, sich wechselseitig körperlich zu beglücken, reicht es zwischen ihnen nur zu
ungeschicktem und einstudiert wirkendem »Grapschen«. Trotz aller Mühe finden sie nie den richtigen Rhythmus oder Zeitpunkt.

Das heißt durchaus nicht, dass einer von beiden ein schlechter
Liebhaber wäre. Es bedeutet nur, dass die Chemie nicht stimmt

178

und dass sie daran, ungeachtet ihrer besten Bemühungen, nichts ändern können.

Die meisten Liebenden treffen sich schließlich irgendwo in der Mitte. Sie geraten zwar mit ihrem Partner nicht unentwegt in Zustände ekstatischer Selbstvergessenheit, aber ihre geschlechtliche Liebe ist auch nicht durch verklemmte Unbeholfenheit gekennzeichnet. Sie gehen gemeinsam ihren Weg, manchmal im Einklang, bisweilen auch in wechselseitiger Isoliertheit. Sie kämpfen und geben sich Mühe und spüren das Auf und Ab sowohl der eigenen als auch der Leidenschaftlichkeit ihres Partners. Sie erfahren zwar nur selten einmal das ekstatische Delirium vollständiger sexueller Selbstauflösung, aber sie wissen um die unvergleichliche Intimität zweier Individuen, die in einer besonderen Beziehung miteinander leben und sich einander für den Augenblick näher sind als irgendwem sonst. Sie sehen einander, wie nur Liebende sich sehen können, und haben voneinander ein Wissen, das die Grenzen des Denkens und Intellekts sprengt. Die permanente mystische Ekstase erleben sie zwar nicht, aber es ist dennoch genug.

Zu verstehen, dass eine gute sexuelle Beziehung genau durch jene warme Glut der Intimität geprägt ist, das ist das Entscheidende. Du erlebst vielleicht immer wieder einmal Augenblicke einer spirituellen Entrückung. Aber in einer Beziehung kühlt die Leidenschaft im Laufe der Zeit ab. Das ist das unvermeidliche Ergebnis der Vertrautheit. Nach und nach büßt das absolute, unersättliche sexuelle Begehren, das am Anfang einer jeden sexuellen Beziehung steht, einen Teil seines überwältigenden Dranges ein. Eine Schicht der Vertrautheit und Routine überlagert die sexuelle Erfahrung, und die Fähigkeit, sich im Liebesakt ganz zu verlieren, nimmt ab.

Du kannst vor diesem scheinbaren Intensitätsverlust davonlaufen und dir andere Partner suchen, die dir wieder das unglaubliche Lustgefühl des Anfangs verschaffen. Oder du kannst

179

mit deinen sexuellen Aktivitäten in immer neue – bizarre – Bereiche vorstoßen, um jene Intensität am Leben zu erhalten. Aber diese Mühe ist am Ende vergeblich. Die sexuelle Erfahrung verläuft in bestimmten Stadien – wie das Leben –, und die Abkühlung der Leidenschaft ist Bestandteil dieses Prozesses.

Dennoch wirst du manche Partnerinnen erregender finden als andere. Mit einigen der reizvollsten dieser Frauen bist du vielleicht nicht einmal partnerschaftlich oder emotional besonders tief verbunden. Aber Beziehungen, in denen die körperliche Ekstase das einzige Gemeinsame ist, nehmen, wenn die Leidenschaft nachlässt und sichtbar wird, dass der andere nicht in seiner ganzen Person gemeint ist, meist ein trauriges Ende.

Wenn Ihr euch aufrichtig liebt, wird diese Liebe sich um die körperliche Leidenschaft herum entwickeln und jenen Raum einnehmen, der entsteht, wenn die totale Leidenschaft nachlässt. Schon bald wird eure Liebe bereichert werden durch das Kennenlernen des anderen, durch den aufrichtigen Wunsch, den anderen glücklich zu sehen, durch eure gemeinsamen Lebenserfahrungen. Und dann wird die Intimität in eurer sexuellen Beziehung all das ersetzen, was ihr im Laufe der Zeit an Leidenschaftlichkeit verliert geht. Die Intimität überragt am Ende die Intensität, denn sie ist die wahre Belohnung und Befriedigung des Verlangens nach dem geliebten Menschen. Und das Verlangen, das ihr füreinander spürt, verlagert sich fortan auf eine andere, tiefere Ebene.

Als Mann ist es deine Aufgabe, mit deiner Partnerin diese Intimität anzustreben. Das heißt, du musst ihre sexuellen Bedürfnisse und Wünsche über deine eigenen stellen. Wenn sie sexuell eher zurückhaltend ist, solltest du ihr behutsam begegnen. Wenn sie im Liebesspiel die Führung und Kontrolle übernehmen möchte, dann respektiere dieses Verlangen. Wenn sie eine ängstliche Geliebte ist, dann versuche ihr die Angst zu nehmen. Wenn sie wild und leidenschaftlich ist und beißt und kratzt, dann gib dich gemeinsam mit ihr dem sexuellen Rausch rückhaltlos hin.

Öffne dich für sie, und lass dich von ihrem sexuellen Rhythmus und ihren Vorlieben inspirieren. Hilf ihr dabei, sich in eurem gemeinsamen Liebesakt ganz zum Ausdruck zu bringen und volle Erfüllung zu finden. Doch versuche nicht, ihr deine Liebe aufzudrängen. Schaffe eine auf wechselseitiger Aufrichtigkeit und Vertrauen basierende Atmosphäre der Intimität, und überlasse es ihr, ihre Liebe so auszuleben, wie es ihrem Wesen entspricht. Baue ihrer sexuellen Einzigartigkeit Altäre, und schaffe daraus jene in euch beiden begründete, einzigartige Schönheit.

Solltest du den Eindruck gewonnen haben, du seist damit zur Passivität verdammt – du hättest gleichsam zu viel von deinen sexuellen Bedürfnissen aufzugeben –, dann sei versichert, dass dies nicht der Fall ist. Männer sind sexuell viel schlichter gestrickt als Frauen: Sobald wir eine Erektion erlangt haben, haben wir bereits die Voraussetzung für sexuellen Genuss geschaffen – alles weitere ist dann lediglich eine Frage der Zeit und des Reibungswiderstands.

Für eine Frau hingegen ist alles viel komplizierter. Wir dringen in sie ein, und sie öffnet sich uns. Deshalb spielt ihre innere Zustimmung eine viel größere Rolle. Infolgedessen fallen auch ihre sexuellen Reaktionen wesentlich komplexer und nuancierter aus. Es genügt ihr nicht, dass wir physisch bereit sind, sie möchte auch unsere emotionale Bereitschaft empfinden.

Ein Mann, der lediglich auf seine eigene schlichte sexuelle Reaktion achtet, ist nur körperlich anwesend. Doch er ist kein Mann im besten Sinne des Wortes, selbst wenn er glaubt, eine wahre Glanzleistung zu vollbringen. Bestenfalls könnte man ihn noch als Sexualathleten bezeichnen. Ein richtiger Liebhaber wird er erst sein, wenn er über seine einfach gestrickten sexuellen Wünsche hinausblickt und sich ganz für die körperlichen und emotionalen Bedürfnisse seiner Geliebten öffnet. Er muss erst noch erkennen, dass das Liebesspiel ein Akt des Gebens ist und dass das größte Geschenk, das er einer Frau machen kann, darin besteht, ihr das Gefühl der Sicherheit zu geben, wenn sie ihre Liebe offenbart.

Das bedeutet bisweilen, dass wir die Impulse unseres eigenen Körpers unterdrücken müssen. Es ist nichts Neues, dass die sexuelle Erregungskurve bei Männern und Frauen höchst unterschiedlich verläuft. Die Kurve der Leidenschaft steigt bei Männern urplötzlich an, und wenn dann der Augenblick der Erlösung kommt, ist es so, als ob jemand das Licht einschaltet und wir – mehr oder weniger desorientiert – wieder in die Normalität zurückgeschleudert werden. Die Erregung der Frauen dagegen steigert sich langsamer, gleich dem Anschwellen des Ozeans, und klingt dann allmählich wieder ab.

Sie wollen, dass wir sie auf dieser Reise wirklich bis zum Höhepunkt begleiten und danach, wenn die Ekstase abebbt, »zu Ende lieben«, statt sie aus den sexuellen Höhen einfach abstürzen zu lassen. Sie können nicht nachvollziehen, dass das Ende des Orgasmus für uns mit einem Schock einhergeht, und sie fühlen sich von Männern verletzt, die sich abrupt von ihnen abwenden, selbst wenn diese Abruptheit nur die rasche Ernüchterung widerspiegelt, die nach dem männlichen Höhepunkt sogleich einsetzt. Sie wollen wissen, dass wir sie lieben und nicht nur den Liebesakt selbst. Deshalb ist es wichtig, dass wir unsere sexuellen Instinkte überwinden und ihnen selbst in unserer Desorientiertheit noch das Gefühl geben, dass wir sie aufrichtig lieben, selbst wenn das Begehren kurz aus unserem Körper verschwunden ist.

Diese Hingabe ist der Ausweis eines guten Liebhabers. Solange du nicht die – körperliche und seelische – Befriedigung deiner Partnerin in das Zentrum deiner sexuellen Erfahrung stellst, wirst du immer ein unvollkommener Liebhaber sein. Du magst vielleicht glauben, ein großer Liebhaber zu sein, vielleicht gelingt es dir sogar hier und da, eine Frau an den Rand körperlicher

182

Wildheit zu bringen. Aber die wirkliche Magie des Liebesaktes – also einer Situation, in der zwei Menschen miteinander etwas Neues, Gemeinsames schaffen – wirst du auf diese Weise nicht erfahren. Denn zwischen dich und deine Partnerin wird sich stets ein kaum merklicher Schatten drängen, der dir sagt: »Mir geht es in erster Linie um meine eigene Lust.« Und dieser Schatten wird nicht weichen.

Vergiss nicht: Deine Sexualität kann nicht lügen. Wenn du nichts weiter als die üppige Welt der weiblichen Sexualität erkunden willst, wird sich das nicht verbergen lassen. Wenn du nur dein eigenes Ego aufblasen möchtest, indem du in Frauen körperliche Leidenschaft erweckst, so wird dies zutage treten. Was immer deine wahren Motive auch sein mögen, du kannst sie nicht wirklich verbergen, selbst wenn dir dies selbst nicht bewusst ist. Aber deine Partnerinnen werden es spüren. Vielleicht sprechen sie nicht darüber, aber sie spüren es.

Und genau darin besteht das magische Wissen, das uns im Liebesakt zuteil wird. Denn im Liebesspiel wird die Wahrheit deines Herzens offenbar. Du kannst zwar versuchen jene Wahrheit zu verbergen, aber das macht die Lüge nur umso größer.

Ich möchte nicht, dass du mit einer solchen Lüge lebst. Ich möchte, dass du jenen Zustand der Wahrheit kennen lernst, in dem zwei Menschen einander in wechselseitiger Fürsorge so nahe sind, dass es zwischen ihnen keine Kluft mehr zu geben scheint. Ich möchte, dass du die Freudentränen kennen lernst, die jene Schönheit in dir auslöst, die du mit einem anderen Menschen geteilt hast. Aber am meisten wünsche ich mir, dass du der Frau in deinen Armen in die Augen blicken und mit reinem Herzen sagen kannst: »Ich liebe dich.«

Erst wenn du das kannst, bist du ein echter Liebender. Wenn nicht, dann praktizierst du nur Sex. Und der Unterschied zwischen beidem ist so groß wie der Abstand zwischen Himmel und Erde.

Das rastlose Herz

Es gibt eine Geschichte, die die meisten Männer kennen, aber nur die wenigsten von ihnen erzählen. Es ist die Geschichte der Erinnerung an vergangene Liebschaften, die das Herz nicht ruhen lassen.

Die Geschichte beginnt in der Pubertät, in der ein Junge unentwegt von der vollkommenen Geliebten träumt. Sie ist in einen Schleier der Schönheit und des Geheimnisses gehüllt – also keineswegs eine wirkliche Frau mit Hoffnungen und Ängsten und einem Alltag. Tatsächlich bleiben ihre Konturen verschwommen. Sie ist ein Tagtraum, ein Duftgebilde der Fantasie.

Diese mysteriöse Frau lebt irgendwo tief in der Vorstellungswelt des jungen Mannes, bis er eines Tages meint, sie gefunden zu haben – die Frau seiner Träume. Sie ist alles, was er sich je gewünscht hat. Er macht ihr den Hof, sie weist ihn nicht ab, und er fühlt sich so lebendig wie noch nie zuvor. Jede wache Sekunde träumt er von ihr. Jeder Augenblick der Trennung ist die reinste Qual. Wenn er bei ihr ist, schaut er ihr in die Augen und möchte am liebsten vor Freude über das unvorstellbare Glück, das diese Schönheit in sein Leben gebracht hat, weinen.

Er möchte sie berühren. Schließlich tut er es auch. Sein ganzer Körper ist von unbändiger Sehnsucht nach ihr erfüllt. Er möchte sich ihr schenken, sie nehmen, sie erkennen, sie lieben.

Die Liebenden ringen mit der Entscheidung, verbringen Nächte in qualvollen Gesprächen und verzweifelten Zärtlichkeiten. Schließlich vereinigen sie sich auch körperlich.

Tagelang sind sie völlig von Sinnen. Sie treiben auf einem Meer reiner, uneingeschränkter Leidenschaft dahin. Schließlich kühlt diese Leidenschaft langsam ab. Ihre gemeinsamen Stunden füllen sich auch mit Alltäglichem. Die Geliebte verwandelt sich in einen wirklichen Menschen, das Traumbild verblasst etwas. Sie hat Bedürfnisse. Sie wird manchmal wütend und hat eigene Gewohnheiten. Er irritiert sie. Sie irritiert ihn. Ihrer beider sexuelles Begehren ist nicht mehr im Einklang. Er ist nicht mehr ganz bei der Sache, denkt an andere Dinge, oder er spürt, dass sie sich in sich zurückzieht, auch wenn sie sich ihm körperlich hingibt.

In der Peripherie seines Blickfeldes tauchen plötzlich wieder andere Frauen auf. Sie erscheinen ihm wieder attraktiver. Ihr Lachen ist wieder sinnlicher. Sie kommen seinem Traum wieder näher. Die Frau, von der er einmal geglaubt hat, sie könne sein ganzes Leben ausfüllen, erscheint ihm jetzt plötzlich leer und gewöhnlich. Schon bald bleibt nichts mehr als der Liebesakt. Doch beider Leidenschaft ist hohl geworden. Sie verschmelzen zwar körperlich, sind jedoch geistig getrennt. Tränen fließen, sie streiten und versuchen sich zu trennen. Sie geloben einander, dass vielleicht »eines Tages« die Zeit wieder für sie reif sein werde, sie machen sich Mut und versprechen sich: »Wenn es sein soll, wird es auch geschehen.«

Schließlich trennen sie sich. Ihre Herzen zerreißen und ihre Gefühle rasen. Traurigkeit verzehrt den, der verlassen wird. Schuldgefühle, Erleichterung, Wut und Selbsthass erfüllen denjenigen, der geht.

Die Zeit verstreicht. Die Wunden heilen.

186

Eine andere Frau kommt des Weges. Und der Tanz beginnt von neuem. Bald liegen sie einander in den Armen. Diesmal ist es zugleich schwieriger und auch leichter. Er schaut ihr in die Augen. Sie ist schön. Doch tief unten, wo nur das Herz hinblickt, sieht er ein anderes Bild.

Er sieht die Frau, die er zuerst liebte, die früher da war.

Er verliert sich in leidenschaftlichen Umarmungen. Sie verschmelzen in jenem magischen Akt, den nur die Liebe kennt. Aber das Bild bleibt – es verfolgt ihn wie ein beunruhigendes Echo. Und schon steht er innerlich vor ihm: der Geist der früheren Geliebten.

Der Tanz nimmt seinen Lauf. Frau um Frau – jede anders, jede wie ein neuer Frühling. Er entdeckt Aspekte seiner selbst, von denen er bis dahin nichts wusste. Er erfährt die Liebe in einer Weise, die weder sein Herz noch sein Körper sich in ihren kühnsten Träumen je hätten ausmalen können. Aber jedes Mal hallt sein Herz wider von jenem Echo. Wie sehr er sich auch hingibt, wie stark seine Liebe auch sein mag, sein Bett füllt sich mit den Geistern früherer Geliebter. Und mit jeder Frau kommt ein solches Gespenst hinzu.

Er kann es nicht aussprechen, kann es sich nicht einmal selbst eingestehen, irgendetwas stimmt mit seinem Herzen nicht mehr. Die alten Wunden sind vernarbt, und die Freuden vergangener Leidenschaften haben in den verborgenen Winkeln seiner Erinnerung Wurzeln geschlagen. Seine Liebe, wie rein sie auch sein mag, ist erfüllt von Echos. Und so eröffnet sich ihm allmählich eine zugleich schreckliche und wundervolle Wahrheit. Er begreift, dass die Frauen, die er geliebt hat, nicht etwa Erinnerungen, sondern höchst gegenwärtig sind. Die Liebe mit ihnen hat sie für alle Zeiten in seinem Herzen lebendig werden lassen. Und so geht ihm nach und nach auf, dass alle diese Lieben – die kurzen Affären ebenso wie die großen Leidenschaften – kleine Ehen gewesen sind, ewige Verbindungen, die allesamt Anspruch auf etwas erheben, was er nicht bestreiten kann.

Er weiß, dass er für die Liebe, die er genommen hat, einen Preis zu entrichten hat. Seine Liebe ist nicht mehr ganz rein. Die Erinnerung an jede seiner Geliebten teilt mit ihm das Bett, und so wird es immer bleiben. Sei deshalb vorsichtig mit deiner Liebe. Verschenke sie nicht nach Belieben. Gehe die Risiken ein, die

188

notwendig sind, um die Liebe zu finden, die du finden musst. Aber denke stets daran, dass jede Liebe eine Ehe ist und für alle Zeiten zu dir gehören wird. Und jede dieser Liebschaften verringert, wenn auch nur geringfügig, deine Fähigkeit, dich einer anderen Frau ganz hinzugeben, weil jede von ihnen einen kleinen Platz in deinem Herzen beansprucht, den keine andere Frau je wieder wird besetzen können.

Wähle sorgfältig und behutsam aus. Auch unser Tastsinn hat ein eigenes Gedächtnis.

Partnerschaft und Ehe

Ich bin noch nie einem Mann begegnet, der nicht geliebt werden wollte. Aber ich habe nur selten einen Mann getroffen, der sich nicht vor der Ehe gefürchtet hätte. Etwas an dieser Einrichtung erscheint einengend und nicht eben beflügelnd. Deshalb begreifen wir das, was die Ehe uns nimmt, leichter als das, was sie uns gibt.

Als ich noch jünger war, habe ich diese Angst wie eine schwere Last empfunden. Ich wollte keinen Fehler begehen. Ich sah, dass meine Freunde heirateten, weil es die Konvention verlangte, weil sie der sexuelle Rausch dazu trieb oder weil die Hochzeit der nächste logische Schritt zu sein schien. Und dann wurde ich Zeuge, wie sie sich mit ihren Partnerinnen einen immer verbitterteren, engherzigeren Kleinkrieg lieferten. Ich beobachtete ältere Paare und konnte dabei bestenfalls so etwas wie eine wechselseitige Tolerierung beobachten. Und so stellte ich mir die Ehe als ein Leben voller liebloser Nächte und durch Streitereien verdüsterter Tage vor, und ich wollte weder mich selbst noch jemand anderen diesem Schicksal überantworten.

Aber hier und da erlebte ich ältere verheiratete Menschen, die in Gegenwart ihres Partners seltsamerweise aufzublühen schie-

191

nen. Sie empfanden offenbar wirklich so etwas wie Liebe füreinander und waren nicht nur voneinander abhängig oder duldsam mit den Schwächen des anderen. Ein erstaunlicher und – nach meinen damaligen Vorstellungen – eigentlich undenkbarer Anblick. Wie haben sie es nur geschafft, dachte ich, so viele Jahre Alltag und so viel Befremden über die Gewohnheiten des anderen unbeschadet zu überstehen? Was hält die Liebe in ihnen am Leben, während die meisten von uns noch nicht einmal im Stande sind, dauerhaft zusammenzubleiben, geschweige denn, sich wechselseitig zu lieben?

Das wichtigste Geheimnis dieser Ehen scheint die richtige Wahl des Partners zu zu sein. Entscheidend ist offenbar, dass die beiden beteiligten Menschen wirklich zueinander »passen«. Gute Menschen können sich eine schlechte Beziehung schaffen, auch wenn beide nichts inniger wünschen, als dass ihre Partnerschaft ein Erfolg wird. Deshalb ist es so wichtig, dass du jemanden findest, mit dem du von Anfang an eine gute Beziehung aufzubauen vermagst.

Oft ist in den frühen Stadien einer Beziehung das Urteilsvermögen ziemlich getrübt. Die sexuelle Leidenschaft zieht euch magisch an und beeinflusst maßgeblich eure Wahrnehmung voneinander. Und sie macht blind für die zahllosen kleinen Dinge, von denen der Erfolg oder das Misslingen einer Beziehung letzten Endes abhängt.

Deshalb solltest du nach Wegen suchen, den Schleier der anfänglichen sexuellen Faszination zu durchschauen.

Manche Leute gehen erst einmal eine sexuelle Beziehung ein und leben ihre Leidenschaft voll aus, um danach zu sehen, mit wem sie es eigentlich zu tun haben. Das kann funktionieren, es kann aber auch eine Spur gebrochener Herzen zurücklassen.

Andere sparen die Sexualität anfangs aus und versuchen einander unabhängig von der erotischen Komponente ihrer Beziehung kennen zu lernen. Aber auch ihr Blick ist getrübt, weil sich

192

ihre unerfüllten sexuellen Wünsche so mächtig vor ihnen auf-
türmen, dass sie völlig außer Stande sind zu erkennen, wie ihr
gemeinsames Leben denn nun wirklich aussehen könnte.

Wahrhaft Glück haben jene Menschen, die eine aufrichtige
Freundschaft miteinander eingegangen sind, bevor sie merken,
dass sie sich zueinander hingezogen fühlen. So lernen sie
zunächst das Lachen, die Leidenschaften, die Traurigkeit und die
Ängste des anderen kennen. Sie sehen die Schwächen und die
Stärken des anderen. Sie verbringen Zeit miteinander, bevor sie
in die Fänge der sexuellen Intimität geraten.

Das ist zwar ideal, aber es geschieht selten. Wenn du der sexuellen Attraktivität einer Frau sofort erliegst, musst du versuchen,
noch mehr Felder der Gemeinsamkeit zu entdecken.

Ein solcher Bereich ist das Lachen. Aus dem Lachen kannst du
erschließen, ob du die Gesellschaft des anderen auch langfristig
als angenehm empfinden wirst. Wenn ihr viel und herzlich –
freilich nicht auf Kosten Dritter – miteinander lacht, dann habt
ihr beide eine gesunde Einstellung zur Welt. Das Lachen ist ein
Kind des Erstaunens. Wenn ihr einander zum Lachen bringen
könnt, dann seid ihr füreinander immer für eine Überraschung
gut. Und wenn ihr euch wechselseitig stets aufs Neue überra-
schen könnt, dann wird euch auch die Welt immer wieder neu
erscheinen.

Hüte dich vor Beziehungen, in denen nicht gelacht wird. Eine
ausschließlich von Ernst getragene Beziehung, mag sie auch
noch so eng sein, verbiestert auf die Dauer. Wenn ein Paar die
Welt gemeinsam von einem allzu ernsten Standpunkt aus betrachtet, so geraten diese beiden – längerfristig gesehen – meist
in einen Gegensatz zu all jenen, die diese Auffassung nicht teilen.
Als kleinster gemeinsamer Nenner bleibt dann meist nur noch
diese Ablehnung der Welt.

Nächst dem Lachen solltest du darauf achten, ob du die Art,
wie die von dir ins Auge gefasste Frau mit der Welt um sie herum

verfährt, akzeptieren kannst. Wenn zwei Menschen zusammenkommen, haben sie zunächst meist den Eindruck, ihre Beziehung existiere nur in dem Raum, der sich zwischen ihnen beiden auftut. Sie finden einander unendlich faszinierend, und die überwältigende Macht der Gefühle, die sie dem anderen entgegenbringen, verdrängt die Außenwelt aus ihrem Blick. Nimmt die Beziehung dann ihren Lauf, macht sich plötzlich wieder die Außenwelt geltend. Stellst du dann fest, dass deine Partnerin mit anderen Menschen und mit Situationen auf eine Weise umgeht, die dir gar nicht entspricht, dann sind Trauer und Leid gleichsam vorprogrammiert. Achte darauf, wie sie sich gegenüber anderen Menschen und in alltäglichen Dingen verhält. Wenn sie dir in diesem Punkt wirklich zusagt, dann wird deine Liebe wachsen. Wenn nicht, solltest du auf der Hut sein. Wenn ihr nicht wechselseitig akzeptieren könnt, wie der andere sich im Alltag verhält, dann werdet ihr einander auf Dauer nicht mit Respekt begegnen können.

Achte auch darauf, wie deine Partnerin den Geheimnissen des Lebens begegnet. Unser Leben muss die Poesie mit dem Alltag versöhnen, doch für die wirklichen Belange unseres Herzens ist nur die Poesie zuständig. Wenn einer von euch beiden sich von den Geheimnissen des nicht Sichtbaren im Leben fasziniert zeigt, während der andere sich nur für das Buchstäbliche und Praktische interessiert, dann musst du aufpassen, dass diese Differenz sich nicht zu einer unüberbrückbaren Kluft auswächst, die euch mit dem Gefühl der Isolierung und des Missverstandenwerdens zurücklässt.

Natürlich gibt es noch eine Reihe weiterer Faktoren, über die du dir selbst Klarheit verschaffen musst. Wir alle haben in unserem Herzen Wertvorstellungen, die wir nicht verraten, und Visionen, die wir nicht verleugnen können. Wenn du dich in eine Frau verliebst, die für diese Perlen deiner Seele kein Verständnis hat oder umgekehrt, dann werdet ihr euch immer weiter voneinander entfernen, bis ihr schließlich in verschiedenen Welten lebt und nur mehr den Alltag teilt, ohne einander noch im Herzen und in euren Träumen zu berühren. Von da aus ist es dann nur mehr ein kleiner Schritt, bis ihr anfangt, euch kleinlich gegenseitig eure Fehler vorzurechnen, und euch – wie so viele Paare – gegenseitig das Leben schwer zu machen.

Gehe deshalb bei der Auswahl deiner Lebenspartnerin vorsichtig zu Werke. Falls du dies beherzigst, wirst du gewiss eine Frau finden, mit der zusammen du in deinem Menschsein wachsen kannst. Und erst dann kann das wahre Wunder der Ehe in deinem Leben Gestalt annehmen.

Ich verwende das Wort »Wunder« nicht von ungefähr. Ich glaube nicht, dass es in diesem Zusammenhang übertrieben ist. Die Ehe hält für uns tatsächlich ein Wunder bereit, und sein Name ist Wandel.

In der Natur ist der Wandel eine alles beherrschende Erscheinung. Aus dem Samen wächst eine Blume heran. Aus dem Kokon schlüpft ein Schmetterling. Der Winter geht in den Frühling über, und die Liebe zeugt ein Kind.

Wir wundern uns über all dies nicht sonderlich, weil wir es tagtäglich erleben. Uns erscheinen solche Dinge kaum als wunderbar. Doch hätten wir sie nicht schon tausendmal mit eigenen Augen gesehen, würden sie uns als schlicht unglaublich erscheinen.

Die Ehe ist ein Wandlungsprozess, für den wir uns selbst entscheiden. Wir pflanzen unsere Liebe wie ein Samenkorn, und mit der Zeit erwächst daraus eine Blume. Wir wissen nicht genau, wie diese Blume aussehen wird, aber wir können uns darauf verlassen, dass sie eines Tages Blüten tragen wird. Wenn du deine Wahl klug und sorgfältig getroffen hast, wird deine Ehe zu voller Blüte gelangen. Hast du hingegen schlecht gewählt oder dich von den falschen Motiven leiten lassen, dann wird die Blüte eher kümmerlich ausfallen.

Leider sind wir nur allzu leicht bereit, eine zum Schlechten neigende Ehe in Kauf zu nehmen. Solche negativen Entwicklungen haben mich in meiner Jugend stets an den verbitterten Ehen abgestoßen, die ich aus mehr oder weniger großer Nähe miterleben konnte. Es kam mir überhaupt nicht in den Sinn, das dunkle und bedrückende »Wunder« zu hinterfragen, das in diesen Fällen aus Liebe Härte und Verbitterung hatte entstehen lassen. Auch schien es mir unmöglich, dass sich die erste Glut der Liebe in etwas Positives verwandeln lässt, das tatsächlich tiefer und bedeutungsvoller ist als die Wallungen der Leidenschaft selbst. Ich vermochte lediglich an die Macht der Leidenschaft zu glauben und wurde von der Angst umgetrieben, nach dem Abflauen dieses Gefühls bleibe lediglich ein schaler Nachgeschmack zurück.

Aber es gibt tatsächlich auch einen positiven Wandel, der sich – genau wie die negative Entwicklung – aus zahllosen kleinen Dingen aufbaut. Seine Grundlage sind Tausende von liebevollen, zärtlichen Berührungen, wo sonst tausend Schläge und Verletzungen die Liebe abtöten. Zwei Lebensgeschichten verweben sich miteinander. Zwei getrennte Wesen, zwei Gegenwarten, zwei getrennte Bewusstseinssphären schließen sich zusammen und blicken gemeinsam auf das Leben, das vor ihnen abläuft. Sie bleiben zwar getrennt, aber werden doch zugleich eins. Die gegenseitige Offenbarung von Welterfahrung rückt an die Stelle von Abschottung und Verengung, wie ich sie früher fürchtete.

Das soll nicht heißen, dass es in einer solchen Beziehung keine Spannungen und Schwierigkeiten gäbe. Spannungen und Schwierigkeiten sind mit jeder großen Lebensentscheidung verbunden, ob man sich nun für das Zölibat, die Monogamie oder die Promiskuität entschließt. Jede dieser Entscheidungen geht mit dem Zweifel einher, dass der nicht eingeschlagene Weg möglicherweise interessanter und aufregender gewesen wäre. Hat man dann schließlich eine Richtung gewählt, büßen die damit verbundenen Vorzüge zudem im Laufe der Zeit an Reiz ein.

196

Aber nur in der Ehe erweitert sich das Leben zu der Erfahrung, dass zwei Menschen – allen Widrigkeiten zum Trotz – beschlossen haben, eins zu werden. Natürlich wissen auch Menschen, die unverheiratet zusammenleben, um die schönen Seiten der Zweisamkeit, aber die Verbindlichkeit einer Ehe ist durch die Intensität charakterisiert, die eine solche Verbindung vertieft und reicher und komplexer macht.

Habe also keine Angst vor dem Heiraten, du solltest dich nur nicht, von falschen Motiven geleitet, zu übereilten Schritten hinreißen lassen. Der Bund fürs Leben ist ein Akt des Vertrauens, der das Potenzial des Wandels in sich trägt. Wenn du in deinem Herzen glaubst, dass du jemanden gefunden hast, mit dem gemeinsam du reifen kannst, und wenn du dir zutraust, den unaufhörlichen Verlockungen des nicht eingeschlagenen Weges und der nicht gewählten Partnerin zu widerstehen, wenn dein Herz stark genug ist, die Zyklen und das Auf und Ab auch der aufrichtigsten Liebe auszuhalten, dann solltest du dich für das Wunder entscheiden, das die Liebe für dich bereithält.

Ist dies alles jedoch nicht der Fall, dann warte. Die wunderbare leichte Anmut, die eine wohlgestaltete Ehe ausstrahlt, lohnt die Geduld. Wenn die Zeit gekommen ist, werden tausend Blumen erblühen.

Treue

Wie aber stellt man es an, einer Frau die Treue zu halten?

Jede Frau ist wie ein eigenes Land – mit einem eigenen Duft, einer einzigartigen Körperlichkeit und einem einzigartigen Geist. Es scheint fast unmöglich, diese Vielfalt nicht erforschen zu wollen, wenn man sie einmal kennen gelernt hat.

Wer erst einmal die Liebe mehrerer Frauen erfahren hat, weiß, dass jede Frau eine andere Saite in uns zum Klingen bringt. Wie soll man von diesem Wissen Abstand nehmen, da sich uns doch, wann immer wir lieben, die Welt auf eine ganz neue Art und Weise offenbart?

Es ist nicht leicht, und die Verlockung ist stets gegenwärtig.

Wie sehr du deine Frau auch lieben, wie sehr du deine Partnerin auch schätzen magst, irgendwann kommt eine andere Frau daher und erweckt etwas in Dir zum Leben, das du für tot gehalten hast oder von dessen Existenz du nicht einmal etwas geahnt hast. Sie wird dich faszinieren, deine Gedanken unentwegt beschäftigen und dein Begehren entfachen. Du wirst dich mit ihr vereinigen wollen, und diese Gefühle werden dir als ganz natürlich erscheinen.

Wie aber sollst du dich verhalten, wenn dies einmal geschieht? Manche Männer lassen sich von ihren Instinkten leiten. In ihren Augen ist die Macht der erotischen Anziehung ganz natürlich, deshalb sehen sie keinen Grund, sie zu verleugnen. Andere Männer kämpfen gegen diese Faszination an und versuchen, ihr zu widerstehen.

Ich habe das Glück, dass ich ein linkes Bein habe, das mich erinnert. Offenbar ist es klüger als mein Herz.

Dem liegt folgende Begebenheit zugrunde:

Vor etlichen Jahren ging ich einmal zu Fuß über einen Parkplatz. Auf einer vereisten Stelle zog es mir die Beine weg, und als ich hart zu Boden stürzte, krachte es in meinem linken Bein als ob jemand mit einem Gewehr geschossen hätte.

Zuerst dachte ich, es sei nichts Schlimmes passiert, da der Sturz harmlos gewesen war. Monatelang ließ ich das Bein nicht einmal untersuchen. Als ich es schließlich doch röntgen ließ, stellten die Ärzte fest, dass ein Knochen gebrochen war.

Sie taten das, was man in solchen Fällen tut – sie verpassten mir einen Gips und Krücken und schickten mich wieder nach Hause. Ich hätte Glück gehabt, sagten sie. Der Knochen sei richtig justiert und werde schon bald wieder so kräftig sein wie zuvor, wenn nicht gar kräftiger. Sie sollten nur zur Hälfte Recht behalten.

Der Knochen ist zwar wieder zusammengewachsen. Er ist so kräftig wie zuvor, wenn nicht gar kräftiger. Aber er ist nicht wirklich geheilt. Denn in meinem Kopf hat jener Beinbruch eine tiefe Spur der Erinnerung zurückgelassen. Und wann immer ich stolpere oder das Gleichgewicht verliere, schießt mir im wahrsten Sinne des Wortes jener Gewehrknall wieder durch den Kopf, und ich erlebe in Sekundenbruchteilen noch einmal meinen damaligen Sturz.

Mein Bein mag geheilt sein, ich selbst bin es nicht. Ich habe im Geiste eine Narbe zurückbehalten. Wie kräftig der Knochen

auch sein mag, in meinem Kopf habe ich bis heute Angst vor einem ähnlichen Unfall. Und diese Angst wird bleiben, und ich
werde dem Boden unter meinen Füßen nie mehr ganz trauen.

Wann immer ich mich von einer Frau besonders angezogen
fühle, denke ich an mein linkes Bein. Ich denke daran, dass ich es
als selbstverständlich angesehen und geglaubt hatte, es werde
immer zur Verfügung stehen. Und dann führe ich mir vor Augen, wie es in Sekundenbruchteilen brach, und dass dieser Umstand mich für mein restliches Leben unsicher gemacht hat. Ich

werde mich auf mein linkes Bein nie mehr wirklich verlassen können, sooft ich mir auch einreden mag, dass es heute sogar noch kräftiger ist als früher.

Untreue in einer Beziehung führt so sicher zu einem Bruch wie damals der Sturz. Zunächst erscheint die Verletzung relativ belanglos. Im Laufe der Zeit lässt sie sich vielleicht sogar reparieren, sodass die Beziehung stärker als früher erscheint. Doch wirklich heilen wird der Bruch nie. Du behältst eine Narbe zurück, die dich ein Leben lang quälen wird.

Ist eine Affäre das wert?

Das kannst nur du für dich selbst entscheiden.

Vielleicht glaubst du, eine Affäre sei gerechtfertigt, wenn du für deine Partnerin nichts mehr empfindest oder wenn ihr in einer freudlosen Beziehung lebt, die keiner von euch zu beenden vermag. Oder wenn ihr euch zu einem Zeitpunkt füreinander entschieden habt, als ihr noch zu schwach oder zu jung wart, um euch über den wahren Charakter des anderen im Klaren zu sein. Oder aber ihr habt euch verändert. Und eure Beziehung stürzt ab in einer Spirale der Wut und der Gewalt, die ihr beide nicht stoppen könnt.

Aber was ist, wenn du nur den Verlockungen des Neuen erliegst? Was ist, wenn es immer wieder nur der Gefühlsrausch ist, mit dem jede Liebesaffäre beginnt, der aber so sicher wie jeder Tag zur Neige geht? Was ist, wenn du erotische Anziehung mit Liebe verwechselst? Und was ist, wenn du in Wahrheit nur in die Liebe selbst verliebt bist und keine Frau je deine Fantasien zu befriedigen weiß?

Was wirst du dann gewinnen, wenn du den Verlockungen einer neuen Liebschaft erliegst?

Diese Fragen musst du dir stellen. Auf jeden Mann, der seine Nächte mit einer Frau in einem Bett verbringt, aus dem die Liebe schon lange ausgezogen ist, kommt einer, der aus einer guten, liebevollen Beziehung ausbricht, um einer Fantasievorstellung nachzujagen, die in sich zusammenfällt, sobald der Reiz des Neuen nachlässt und der Alltag sich wieder in den Vordergrund drängt.

Denke sorgfältig nach, bevor du die Ganzheit der Liebe, die du gewonnen hast, leichtfertig aufs Spiel setzt. Keiner von uns ist gegenüber den Verlockungen eines fröhlichen Lachens oder eines bezaubernden Lächelns immun. Und keiner von uns ist von seiner Partnerin so ganz und gar eingenommen, dass er nicht von einer Frau gefesselt werden könnte, die neue Hoffnungen und ferne Träume weckt.

Hier sind unsere Herzen und unsere Lebenspläne betroffen, und diese sind unvergleichlich kostbarer als Knochen. Wenn ein einziger Beinbruch mich schon an der Erde unter meinen Füßen zweifeln lässt, welche Folgen wird dann wohl ein verletztes Herz für etwas so Zerbrechliches wie die Liebe haben?

Vaterschaft

Wir begegnen in unserem Leben nur wenigen vollkommenen Dingen.

Wir träumen von vollkommener Liebe, wir versuchen, uns selbst zu vervollkommnen, wir geben uns redlich Mühe, das Universum als eine vollkommene Schöpfung zu betrachten. Doch all unsere Mühen und Kämpfe enden in Enttäuschung. Wir sind nicht vollkommen. Wir werden von unserem Egoismus und unseren unstillbaren Sehnsüchten gebeutelt. Nichts ist uns je genug.

Doch es gibt eines, was unser Verlangen nach Vollkommenheit stillt.

Die Vaterschaft.

Wenn du auf ein Kind blickst, das du selbst gezeugt hast, sind alle Begrenzungen, alle Sehnsüchte plötzlich vergessen. Dein Blick ist erfüllt von vollkommener Liebe.

Das ist nur natürlich. Ein neugeborenes Kind bringt seinen Eltern vollkommenes Vertrauen und eine nicht minder vollkom-

205

mene Liebe entgegen. Ohne es zu wissen, präsentiert es sich selbst ganz und gar in der vollendeten Einheit seines Seins. Es stellt keine Bedingungen und hat keine Motive. Gerade weil es ihm an dem Bewusstsein seiner selbst noch fehlt, gibt es sich selbst als ein vollkommenes Geschenk.

Und durch die Vollkommenheit seiner Zuwendung ruft es auch die Vollkommenheit unserer Liebe hervor.

Für einen fleischgewordenen Augenblick des Lebens erfahren wir jene Einheit, die zutage tritt, wenn wir weder mehr noch weniger wollen als das Leben, das uns geschenkt worden ist.

Früher einmal wollte ich nie Vater werden. Kinder schienen nichts als Einschränkungen und Pflichten mit sich zu bringen, für die im Tausch nichts zu erwarten sei. Doch als ich dann die Vollkommenheit des Vaterseins kennen lernte, erschuf sich die Welt um mich herum neu.

Ich spürte nichts von Einschränkungen. Ich war vielmehr plötzlich frei von der Angst vor Einschränkungen. Ich ächzte nicht etwa unter den Pflichten, die Pflichten hörten vielmehr auf, eine Belastung für mich zu sein.

Die Natur schien alles zurechtzurücken. Meine eigene Vaterschaft half mir, meine Eltern zu verstehen und ihnen umso mehr für die Liebe zu danken, die sie mir geschenkt hatten. Mir wurde plötzlich bewusst, wie schön es ist, Sohn zu sein, und ich verstand, warum in China die Sohnespflicht, also die Achtung des Sohnes vor den Eltern, so groß geschrieben wird.

Meine eigene Unvollkommenheit erschien mir unversehens riesengroß, weil ich nichts so sehr wünschte, als alles richtig zu machen. Ich spürte die Einheit der unvorstellbar großen Zahl von Generationen seit Anbeginn der Zeit.

Ich spürte, dass es in der Welt etwas gibt, das wichtiger ist als ich selbst.

Und das war erst der Anfang.

Ich sah jeden anderen Menschen jetzt mit ganz neuen Augen.

Ich hasste den Krieg mit ganz neuer Leidenschaft und wusste gleichwohl, wofür es sich in Zukunft im Notfall zu kämpfen lohnte.

Ich liebte die Frauen wegen ihrer Fähigkeit, Leben zu schenken, und nicht mehr bloß wegen ihrer äußeren Schönheit.

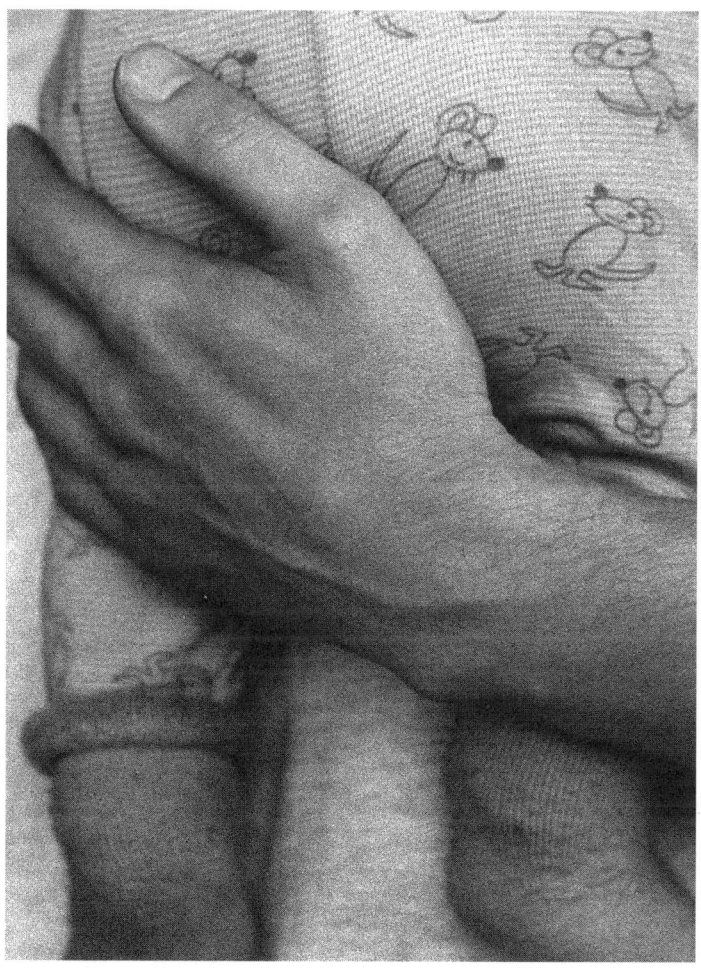

Ich war plötzlich von einer Liebe erfüllt, die frei war von Eigeninteresse und Begierde.

Seit ich durch die Gegenwart eines Kindes »gefesselt« war, fühlte ich mich plötzlich wirklich frei.

Die Wirkung dieser Erfahrung lässt sich nicht in Worte fassen. Sie ist in einer jener wundervollen Codierungen festgeschrieben, die allen Menschen jenseits aller Erklärungen ihren Stempel aufdrücken. Wird diese Codierung zum Leben erweckt, verbindet sie uns plötzlich voller Herzlichkeit und Wärme mit allen Menschen, denen Ähnliches widerfahren ist.

Das soll nicht etwa heißen, der Umstand der Vaterschaft garantiere bereits, dass man auch ein guter Vater ist. Genau wie die Ehe ist auch die Vaterschaft ein beständiger Kampf gegen die eigenen Grenzen und Interessen. Doch der Wunsch, ein vollkommener Vater zu sein, ist wirklich da, weil ein Kind für jeden Mann ein vollkommenes Geschenk darstellt. In deinem Herzen weißt du, was Vollkommenheit ist, und dieses Wissen bildet fortan den Maßstab, von dem du dich in deinem Alltag leiten lässt.

Bereite dich also behutsam auf deine Vaterschaft vor. Es ist wesentlich leichter, Vater zu werden, als Vater zu sein. Wenn du dann Vater wirst, bemisst du plötzlich dein ganzes Leben danach, inwieweit du deiner eigenen Vorstellung von einem guten Vater entsprichst.

Und wenn dein Leben nicht in Ordnung ist – wenn du schlecht verheiratet bist, wenn du von persönlichen Problemen gehetzt wirst, die dein Leben zerfressen, oder wenn du die für einen guten Vater notwendige Disziplin nicht aufbringst –, dann werden dich Schamgefühle bedrücken und dich daran hindern, jener Vater zu sein, der du eigentlich sein möchtest. Nichts – weder Alkohol noch andere Frauen oder sonstige Fluchtversuche – wird dich vor der harten Wahrheit deines Versagens schützen.

Betrachte die Vaterschaft als ein Geschenk. Sie ist eines der ganz alltäglichen Wunder des Lebens, das jedem zugänglich ist.

208

Ein Kind, ob gesund oder krank, hässlich oder schön, lässt die Welt im Glanz der Sonne erstrahlen. Es eröffnet eine Erfahrung, an die kein Traum heranreicht.

Wenn es wahr ist, dass Gott uns wie ein Vater liebt, können wir allem, was da kommt, ruhig ins Auge sehen. Denn dann schützt uns der Mantel einer vollkommenen Liebe.

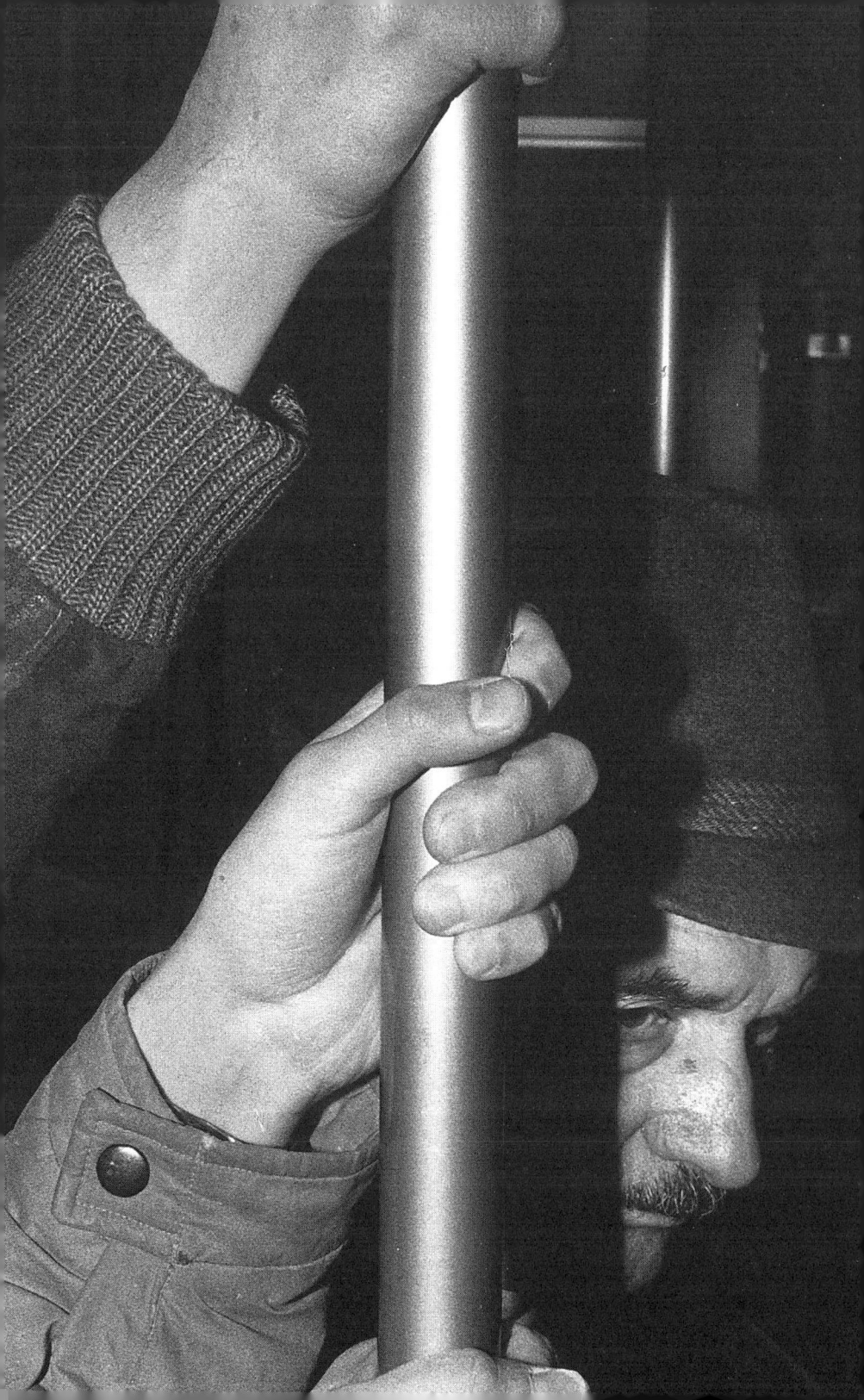

Die Last des Alters

Dein wahrer Charakter lässt sich daran ablesen, wie du mit älteren Menschen umgehst.

Genau wie Kinder stellen auch alte Menschen für uns eine Belastung dar. Aber anders als Kinder geben sie keinen Anlass zu Hoffnungen und schönen Zukunftserwartungen. Sie verlangen uns viel ab und sind ein Spiegel unserer eigenen Endlichkeit. Es braucht deshalb ein großes Herz, um über das eigene Leben hinauszublicken und die Weisheit anzunehmen, die alte Menschen anzubieten haben – und ihnen aus Dankbarkeit für das Leben, das sie an uns weitergegeben haben, zur Seite zu stehen.

Ich hoffe, dass du einmal ein solcher Mensch sein wirst.

Doch das ist nicht leicht in unserer Kultur. Wir haben das Empfinden für alte Menschen verloren. Wir sehen in ihnen eine traurige, ergraute Wirklichkeit, die wir hinter unbeholfenen Begriffen wie »Senioren«, »ältere Mitbürger« oder »Rentner« zu verbergen suchen. Lediglich Schuldgefühle bringen uns häufig dazu, sie zu tolerieren, doch wir fürchten die Belastung, die sie darstellen, oder schieben sie einfach beiseite. Wir lieben und ehren sie nicht und wissen auch mit der Weisheit nichts mehr anzufangen, die ihnen ein langes Leben gegeben hat.

Vermutlich wirst du dein Verhältnis zu alten Menschen als zwiespältig empfinden. Einige werden dich faszinieren, besonders jene, die noch in fortgeschrittenen Jahren eine jugendliche Ausstrahlung verbreiten. Andere werden dir wegen ihrer Nähe zum Tod und ihrer Hässlichkeit Angst einjagen. Wieder andere werden dir gefallen, weil sie sich bemühen, dir zu Gefallen zu sein, und im Gegenzug wenig oder nichts von dir verlangen. Doch welche Gefühle auch immer sie in dir auslösen, du solltest diese Menschen sorgfältig beobachten. Sie waren einmal wie du, und du wirst einmal sein wie sie. Du trägst den Samen deines Alters bereits in dir, und sie hören das Echo ihrer Kindheit, wann immer sie dich sehen.

Du wirst feststellen, dass viele alte Menschen nicht gerade angenehm sind. Sie sind ihren eigenen Interessen in ähnlichem Maße ausgeliefert wie Kinder. Sie erwarten von dir, dass du auf ihre Sorgen und Gefühle eingehst, möchten aber andererseits mit deinen Problemen wenig zu tun haben.

Wenn du solchen alten Menschen begegnest, musst du ihnen das nicht übel nehmen. Wie kleine Kinder sind auch alte Menschen häufig von ihrer Umwelt abhängig und leiden unter dem Bedeutungsverlust, den das Alter mit sich bringt. Sie stehen vor der Ungewissheit des Todes und sind oft verbittert, weil die Welt, die sie durch harte Arbeit geschaffen haben, von der jüngeren Generation achtlos beiseite geschoben wird. Ihr Körper lässt sie zusehends im Stich, und zunehmend sehen sie sich von Menschen ihres Alters umgeben, weil sich die Jungen lieber von ihnen fern halten. Häufig leben sie von der Erinnerung.

Begegnest du solchen alten Menschen, solltest du dich nicht von ihrem wenig einnehmenden Verhalten irreführen lassen. Vermutlich würdest auch du nicht sonderlich attraktiv wirken, wenn du müde und krank oder voller Wut und Schmerzen bist. Aber viele alte Menschen leben genau unter solchen Bedingungen. Doch unter der Oberfläche ihres Verhaltens liegt eine Weisheit verborgen, die du nirgendwo sonst finden kannst.

Selbst wenn ihr früheres Leben schlicht, gewöhnlich und in engen Grenzen verlaufen ist, so haben sie dennoch genau jene Welt erlebt, in die du hineingeboren bist. Keine andere vergangene Generation ist dir zeitlich so nah. In den Geschichten, die sie erzählen, fließt das Blut deines Lebens. Du wirst der Welt, die dich hervorgebracht hat, nie mehr so nahe sein wie im Gespräch mit ihnen. Schon deshalb solltest du sie achten und ehren und ihnen dein Ohr leihen. Du bist durch die Zeit mit ihnen verbunden.

Wichtig ist auch, dass du im Umgang mit alten Menschen die Fallstricke des Mitleids meidest. Denn zu viele Jüngere bevormunden und erniedrigen die Alten unter dem Vorwand der Fürsorge und behandeln sie wie Kinder. Sie sprechen sehr laut mit ihnen und behandeln sie, als könnten sie nicht bis drei zählen. Sie bezeichnen die Fixierung der Alten auf die kleinen Dinge des Alltags als »kindisch«. Und so versagen sie den Alten durch ihr ganzes Auftreten und Verhalten eben jene Achtung, die sie ihnen angeblich erweisen.

Diese Leute verursachen auf ihre Weise genauso viel Schaden wie jene, die sich um die Alten gar nicht kümmern. Durch ihr Auftreten halten sie den alten Menschen einen Spiegel vor, in dem diese sich als gebrechlich und nur mehr bedingt zurechnungsfähig wahrnehmen. Echte Fürsorge und wahrer Respekt kommen der Schwäche zwar zur Hilfe, spiegeln aber nur das Menschliche und Starke wider. Fürsorge und Respekt können zuhören, lachen und ihr Gegenüber sogar herausfordern. Fürsorge und Respekt gehen davon aus, dass die Worte und Taten der Alten ernst zu nehmen sind.

Und vergiss eines nicht: Selbst in ihrer Gebrechlichkeit legen alte Menschen Wert auf ihre Würde. Und vor allem wünschen sie sich, dass wir Jüngeren ihren Lebensweg respektieren und ihnen das Gefühl geben, sie hätten ihre Zeit auf Erden nicht vergeudet. Wenn du reinen Herzens – ohne falsche Ehrfurcht oder herablassendes Mitleid – auf sie zugehen kannst, wenn du ihnen deine Wertschätzung zeigen kannst und ihre Erfahrungen zu würdigen weißt, und seien sie noch so unspektakulär, dann tust du ein außerordentlich großherziges Werk.

Denn dann begegnest du ihnen als Liebender und nicht nur als Dienstleister.

Das Geschenk des Alters

Letzte Woche haben wir Dan Needham beerdigt. Dan war fünfundneunzig Jahre alt, als er starb. Er war der letzte, durch Erbfolge bestimmte Häuptling der Indianer vom Stamm der Red-Lake-Ojibwe in Nord-Minnesota. Ich habe ihn vor vielen Jahren kennen gelernt, als ich bei den Ojibwe lebte, um ihre mündliche Überlieferung aufzuzeichnen.

Ich habe oft junge Leute, die sich für ihn interessierten, mit zu ihm nach Hause gebracht. Sie saßen geduldig in seinem Wohnzimmer und hörten sich die Geschichten an, die er über die Kämpfe seines Großvaters mit den Sioux oder das Leben der Indianer während der mageren Jahre der Weltwirtschaftskrise erzählte.

Die jungen Leute hörten nicht immer aufmerksam zu, aber das störte Dan wenig. Er wusste, wie wichtig es für sie war, etwas über die Vergangenheit zu erfahren, und er war zuversichtlich, dass sie mit ihrem Herzen seinen Ausführungen folgten, selbst wenn ihre Ohren anderweitig beschäftigt waren.

Bei Dan fühlte man sich stets willkommen. Wann immer wir ihn besuchten, wartete er schon angekleidet an der Tür, und er bat uns nie, frühzeitig zu gehen, obwohl die Erschöpfung auf seinem Gesicht bisweilen deutlich zu erkennen war. Er beantwortete die Fragen der jungen Leute, so gut er konnte, er gab sich Mühe, ihren Worten zu folgen und sich nicht von den eigenen Tagträumen davontragen zu lassen. Manchmal wiederholte er sich oder sprach ein wenig langatmig über ein Thema, und die Studenten stießen sich gegenseitig an oder verdrehten die Augen. Er sah ihre Blicke, ließ sich aber nie etwas anmerken. Er trug die Last und das Wissen des Alters mit einer Haltung, die von sanfter Heiterkeit geprägt war.

In seinen letzten Lebensjahren ging es mit Dan körperlich bergab. Er zog in ein Pflegeheim und verließ nur mehr selten noch das Bett. Trotzdem empfing er auch weiterhin gern Besuch und war stets von vollendeter Liebenswürdigkeit. Er akzeptierte das Versagen seines Körpers, und als es schließlich mit ihm zu Ende ging, überließ er sich bereitwillig dem Unbekannten. Ich habe nie jemanden erlebt, der das Erlöschen des Lebens so friedlich und ruhig hingenommen hat wie er.

Als er starb, nahmen davon nur wenige Notiz. Dan hatte seine Generation überlebt, und sein Leben war zu diesem Zeitpunkt bereits eine ferne Erinnerung. Aber als er dann starb, nahm er mehr als nur Erinnerungen mit ins Grab. Er nahm auch jenen Glanz mit sich, der in seinen Augen aufblitzte, wenn er von seinem kriegerischen Großvater erzählte, der eines Tages auf einer – von einem Pferd gezogenen – Schleppliege aus der Schlacht zurückkehrte. Er nahm das Lächeln mit sich, das auf seinem Gesicht erstrahlte, wenn er beschrieb, wie er das erste Mal in einem Ford-T-Modell gefahren war.

Er nahm das Leben mit sich, das jene Geschichten erfüllte, die heute so belanglos klingen wie auf Papier geschriebene Worte oder wie Kindermärchen. Er nahm jene Geistesgegenwart und Anmut mit sich, die sich in seinen fünfundneunzig Lebensjahren in ihm so rein und natürlich ausgeprägt hatten. Er nahm seine

218

Altersweisheit mit sich und die Aura der Vergangenheit, die ihn umgab. Und nichts wird all dieses je ersetzen können.

Ich weiß nicht, ob die jungen Leute, die ihn früher besuchten, diesen Verlust empfinden. Ich bin nicht einmal sicher, dass sie in ihm je mehr gesehen haben als einen weitschweifigen, auf einem Auge fast erblindeten alten Mann, dessen Haut von Leberflecken übersät war. Ich weiß nicht, ob sie seine Geschichten wirklich gehört oder sich dafür überhaupt interessiert haben. Für sie spielt sich das Leben in der Zukunft ab. Dan hingegen verkörperte das Leben der Vergangenheit.

Keiner von ihnen war auf seiner Beerdigung. Sie hatten offenbar alle etwas anderes zu tun. Dan hätte sich darüber nicht be-

schwert. Begrabt die Toten rasch und ehrenvoll, und überlasst das Leben den Lebenden.

Aber die Toten lassen sich nicht so leicht begraben. Ihr Leben hat das unsere berührt und uns zu dem gemacht, was wir heute sind. Wir leben in einer Welt, die sie mit ihren Händen geschaffen haben. Wir haben ihnen gegenübergesessen und gesehen, was einmal aus uns wird.

Die jungen Leute, die Dan früher besuchten, werden dies alles noch früh genug herausfinden. Sie werden seine Geschichten am Leben erhalten, und er wird zu einer ihrer Geschichten werden.

Wenn sie ihren Kindern ein Ford-T-Modell zeigen, werden sie ihnen von dem alten Mann erzählen, der mit seinen Freunden noch in einem dieser frühen Automobile herumkutschiert ist.

Wenn die Kinder etwas über jene längst vergangenen Zeiten wissen möchten, als die Friedensverträge mit den Indianern unterzeichnet wurden, werden sie ihnen von dem alten Mann erzählen, dessen Großvater bei der Unterzeichnung dabei war und gesehen hat, wie die Kavalleristen Karten spielten, während ihre Kanonen auf das Lager der Ojibwe gerichtet waren.

Wenn sie dann älter werden und ihr Wissen weitergeben möchten, werden sie die Weisheit jenes alten Mannes verstehen, der nur lächelte, während sie tuschelten, kicherten und sich gegenseitig anstießen.

Wenn dann ihr eigener Tod näher kommt, werden sie sich an den Frieden und die Ruhe erinnern, mit der jener alte Mann dem Tod entgegensah, und vielleicht wird sie das ermutigen.

Wenn sie dann alt sind, wird er ihr Freund sein und ihnen viel näher stehen als zu dem Zeitpunkt, da sie zu seinen Füßen saßen. Sie werden in seine Weisheit hineinwachsen und sie sich zu Eigen machen.

So ist das mit den älteren Menschen. Solange wir jung sind, erscheinen sie uns unwichtig. Aber jeder Kontakt, den wir mit ihnen haben, macht uns weise, obwohl uns das erst bewusst wird, wenn es dazu an der Zeit ist. Die jungen Leute, die Dan damals besucht haben, sind um Jahre weiser, als wenn sie ihn nicht gekannt hätten. Diejenigen, die genau hingesehen und zugehört haben, sind freilich noch ein Stück weiser.

Dan Needham ist tot, und wir haben einen guten Mann verloren. Aber er lebt weiter wie alle Toten, die sich unserem Gedächtnis eingeschrieben und in den vergessenen Winkeln unseres Lebens ihre Spuren hinterlassen haben. Sein Dahinscheiden stimmt traurig, doch sein Leben ist ein Anlass zur Freude. Wer ihn gekannt hat, dem hat er mehr gegeben als Geschichten über unsere Vergangenheit. Er hat uns die Weisheit gegeben, unsere Zukunft zu verstehen.

Der Tod

Der Tod birgt für uns alle ein Geheimnis. Wie die Geburt und die Liebe ist er ein Band, das uns alle vereint. Doch keiner von uns vermag mit Sicherheit zu sagen, was dem Tod innewohnt und was er bedeutet. Wir können Schlüsse ziehen – etwa aus den Berichten klinisch Toter, die wiederbelebt wurden, oder aus großen religiösen Traktaten wie den Tibetischen oder Ägyptischen Totenbüchern. Und wir haben die Versprechungen aller Glaubensrichtungen und Religionen. Freilich werden wir nie mit Gewissheit sagen können, ob sich diese Versprechungen erfüllen werden, und wenn ja, welche. Jeder muss dem Tod allein entgegentreten, und so bleibt es jedem von uns überlassen, sich im stillen Kämmerlein auf das große Ereignis vorzubereiten.

Was ich selbst dir über den Tod sagen könnte?

Vor vielen Jahren bin ich einmal Zeuge einer totalen Sonnenfinsternis gewesen. Ich war auf die Spitze eines hohen Hügels gestiegen, setzte mich dort nieder und wartete. Es war frühmorgens, kurz nach Sonnenaufgang. In den Bäumen der Umgebung sangen die Vögel. Weiter unten am Hang weideten Kühe, und im hohen Gras schnaubten Pferde.

223

Als dann der Augenblick gekommen war, verdunkelte sich die Sonne. Die Pferde verstummten, und die Kühe standen reglos da. Die Vögel hörten auf zu zwitschern. Als sich der Mond vor die Sonne schob, wurde es ringsum völlig still. Die Kühe sanken auf die Knie, und die Vögel steckten die Köpfe unter die Flügel.

Nur die unwirklich erscheinende Corona der verdunkelten Sonne spendete in der allgemeinen Finsternis noch ein wenig Licht. Es war völlig windstill, weit und breit kein Laut. Das Sonnenlicht war von uns genommen und die Welt ringsum in Dunkelheit versunken. In jenem Augenblick geschah etwas Ungeheuerliches: Ich hatte plötzlich keine Angst mehr vor dem Tod. Ich fühlte mich wie aufgelöst und doch als Teil einer größeren Einheit. Ich dachte an einen Onkel, der zu diesem Zeitpunkt Tausende von Meilen entfernt im Sterben lag. Ich dachte an seine Angst und seine Einsamkeit und wünschte inständig, dass er diese Augenblicke der Sonnenfinsternis mit mir hätte erleben können.

Ich kann die Gefühle und Gedanken nicht beschreiben, die damals mein ganzes Sein erfüllten. Was ich empfand, sprengte alle gewöhnlichen menschlichen Maßstäbe. Aber ich weiß, dass es mit dem Tod zu tun hatte, und ich weiß, dass es mit jener großen Dunkelheit zu tun hatte, in die wir alle einmal werden eintreten müssen.

Es herrschte ein Friede, ein Friede, der jedes Begreifen überstieg.

Wenn Todesangst mich überwältigt, wie dies in Augenblicken der Krankheit oder großer Gefahr geschieht, denke ich an jenen Hügel und die Vögel, die ihre Köpfe unter ihren Flügeln bargen. Wir alle – ich selbst, die Vögel, die Kühe und die Pferde – waren Teil einer Wirklichkeit geworden, die größer war als das Leben selbst. Unser individuelles Sein war wie ausgelöscht. Doch gab es keinen Aufschrei gegen dieses Verlöschen. Wir wurden von etwas so Großem umfangen, dass wir es hinnahmen wie die stille Umarmung eines lang ersehnten Schlafes.

224

Falls jener Augenblick damals auf dem Hügel eine Wahrheit bezeugte – wovon ich überzeugt bin –, dann die, dass es nicht angebracht ist, den Tod mit unseren Maßstäben zu messen. Wir sind zu klein, und er ist zu groß. Wir fürchten einzig den Verlust unseres Selbst, und dieses Selbst weiß von der Ewigkeit so viel wie der Schatten von der Sonne.

Fürchte also das Sterben, wenn du nicht anders kannst. Schließlich nimmt es uns das einzige uns bekannte Leben, und das ist allemal traurig genug. Fürchte den Tod aber nicht. Denn er übersteigt unser Vorstellungvermögen so sehr, dass es weder angemessen ist, ihn willkommen zu heißen, noch ihn zu fürchten.

Entweder ist er tatsächlich so etwas wie ein Gericht, dann liegt es bei uns, durch ein gutes Leben Vorsorge zu tragen, oder aber er zerstreut uns in den großen Rhythmus der Natur, und wir finden den ewigen Frieden in den um sich selbst kreisenden Himmelssphären. In meinem Herzen glaube ich, dass wir jeder dieser Möglichkeiten vertrauensvoll entgegenblicken können.

In dem kurzen Augenblick, als ich damals auf jenem Hügel stand und auf der Erde das Licht erlosch, empfand ich weder Gleichgültigkeit noch so etwas wie einen Verlust. Vielmehr hatte ich das Gefühl, etwas Unaussprechliches zu gewinnen. Meine starren Grenzen öffneten sich, und ein unendlicher Friede hielt Einzug.

Wenn wir im Augenblick des Todes ähnlich empfinden, dann ist der Tod beileibe nichts Entsetzliches, und wir sollten unserem Sterben als einem Übergang in die große Harmonie der Ewigkeit entgegensehen.

Vielleicht ist diese Harmonie unseren Sinnen jetzt noch verschlossen. Vielleicht erscheint sie uns wie ein ungeheures, leeres Schweigen. Aber wir sollten uns nicht täuschen. Jene unbegreifliche Dimension ist nicht leer, sondern zutiefst wirklich. Denn selbst an den einsamsten Orten ist die Stille von einem großen Klang erfüllt.

Die Gedanken
eines Vaters

Die Sonne hängt schwer im atemlosen Augusthimmel, während ich dieses Buch zum Abschluss bringe. Der Sommer geht jetzt seiner Vollendung entgegen – eine Zeit der Ruhe, der Fülle, eine Zeit, in der lange Schatten auf dem Land liegen.

Früher einmal hatte ich Angst vor den abnehmenden Tagen des August. Sie erschienen mir merkwürdig zeitlos. Die Hoffnungen und Versprechungen des Sommers wurden blass, und der Wind trug leise flüsternd die ersten Vorahnungen des Winters durch das Land. Heute liebe ich diese Tage. Ihre Stille ist von Weisheit erfüllt. Auf den Feldern sind die Verheißungen des Frühlings Wirklichkeit geworden. Doch das Licht wird dünner, und in den Augen der Zugvögel leuchtet bereits die Ferne.

Eine gute Zeit, diese Arbeit zu Ende zu bringen.

Zudem ist der August, diese späte Mitte im Jahreszyklus, meine Zeit. Wie die Erde selbst, so stehe ich wachsam über der sich wandelnden Landschaft meines Lebens.

Ich sehe von hier aus das Frühlingsversprechen, das du, mein Sohn, bist, der mir nachkommt. Ich kann das Aufwallen deiner Hoffnungen und den mächtigen Schlag der Schwingen, die deine

Träume tragen, spüren. Doch ich spüre zugleich bereits eine Ahnung des heraufziehenden Alters mit seinen kalten Sorgen und seinem dunklen Widerhall.

In diesem kurzen Augenblick bin ich eins mit den Generationen, meinem Sohn bin ich ein Vater, meinem Vater ein Sohn. Beides bin ich gern, und diese Mittellage hat mich verändert.

Ich bin jetzt geduldiger. Wie die Früchte des Feldes weiß auch ich, dass es Zeiten des Handelns und Zeiten des Wartens gibt. Die Samen, die ich gepflanzt habe, werden erblühen, wenn die Zeit gekommen ist, und was ich auch tue, nichts wird ihr Wachstum beschleunigen.

Ich sehe jetzt klarer. Meine jugendlichen Begierden und Träume haben sich in einfache Wahrheiten verwandelt, und ganz gewöhnliche Freundlichkeit erscheint mir oft genug.

Ich trage die Lasten des Lebens bereitwilliger. Die beglückenden Pflichten des Familienlebens haben mein Herz geöffnet, und ich bin williger, die Hindernisse und Einschränkungen des Lebens hinzunehmen.

Auch weiß ich mehr über die Liebe, weil ich sie in meinem Leben habe kommen und gehen sehen, und deshalb bringe ich ihr heute mehr Achtung entgegen.

Aber vor allem bin ich sanfter zu mir selbst und anderen, weil ich jetzt etwas über die Gnade gelernt habe – und weil ich erfahren habe, wie stark unser Leben das Ergebnis einer Berührung, eines Blickes, eines nie abgeschickten oder erhaltenen Briefes ist.

Hätte ich mich nicht in einem bestimmten Augenblick zufällig an ganz bestimmten Ecken aufgehalten; hätte sich nicht diese eine Hand mir entgegengestreckt, als eine andere sich mir verweigerte; hätte ich Mut aufgebracht, wo ich aus Angst innehielt oder hätte ich mich von meiner Angst leiten lassen, als mein Mut mich vorwärts trieb; hätte ich »Nein« gesagt, wo ich »Ja« gesagt habe; hätte ich einen Dollar mehr oder weniger gehabt oder wäre ich ein oder zwei Meilen näher Richtung Sonnenaufgang zur Welt gekommen, dann wäre mein ganzes Leben anders verlaufen – meinem jetzigen Dasein so fremd wie eine Geschichte oder ein Traum.

Und deshalb bin ich dankbar. Die Möglichkeiten, die sich mir geboten haben, erscheinen mir heute eher wie Geschenke und weniger als das Ergebnis meines Tuns. Wäre da nicht ein zufälliger Regen oder ein Sonnentag gewesen, hätte auch ich ein unfruchtbarer Acker sein können, der – aller Liebe entblößt – nichts hervorzubringen vermag.

Ja, eine gute Zeit sind sie, diese mittleren Jahre. Der Friede des Herzens ist mir heute viel vertrauter als in meiner Jugend.

Du wirst diesen Frieden zum rechten Zeitpunkt kennen lernen. Doch fürs Erste lebst du in der Zeit der jäh aufblitzenden Leidenschaften. Ergreife sie. Errichte ihr Altäre. Überlasse dich ihren Freuden und Nöten. Aber vergiss nicht, mit dir selbst und anderen sanft umzugehen. Wir alle sind Kinder des Zufalls, und niemand vermag zu sagen, warum manche Felder erblühen, während andere unfruchtbar in der Augustsonne liegen.

Sorge dich um die Menschen, mit denen du zu tun hast. Halte Ausschau nach dem Gemeinsamen und nicht nach dem Trennenden. Die Träume anderer Menschen sind nicht geringer als deine eigenen, und ihre Lebensentscheidungen haben sie nicht leichthin getroffen.

Und sei großzügig. Gib, wann immer du kannst, und von allem, was du besitzt. Geben heißt lieben. Die Dinge festzuhalten heißt dahinzuwelken. Sorge dich weniger um deine Ernte als darum, wie du sie mit anderen teilen kannst, und dein Leben wird einen Sinn und dein Herz Frieden haben.

Draußen weht jetzt eine frische Brise. Die Birken tanzen, und die Blumen schaukeln im Wind.

In der Ferne stößt ein Eistaucher einen einsamen, durchdringenden Schrei aus.

Es ist gut, am Leben zu sein, mein Sohn.

Es ist gut zu leben.

Über den Autor

Kent Nerburn ist promovierter Religions- und Kunstwissen-
schaftler. Seine Skulpturen, die unter anderem im Friedensmu-
seum von Hiroschima zu sehen sind, haben ihn zu einem inter-
national anerkannten Künstler gemacht. Sein Engagement für
die Bewahrung des kulturellen Erbes der nordindianischen Indianer hat ihn jahrelang mit den Ojibwe in Nord-Minnesota zusammenarbeiten lassen, um die Erinnerungen der Stammes-
ältesten aufzuzeichnen.

Sein Buch *Neither Wolf nor Dog. On Forgotten Roads with an
Indian Elder*, das 1995 mit dem Minnesota Book Award ausge-
zeichnet wurde, und die Sammlungen *Native American Wisdom,
The Wisdom of the Great Chiefs* und *The Soul of an Indian*, die er
als Herausgeber betreut hat, sind das Ergebnis dieser Arbeit.

Mit dem 1996 erschienenen Titel *A Haunting Reverence* wandte sich Kent Nerburn wieder Fragen und Erlebnissen zu, die er in
Simple Truths und dem vorliegenden Buch thematisiert hat.

Kent Nerburn lebt mit seiner Frau Louise Mengelkoch und
seinen zwei Kindern, Alexandra und Nicholas, im nördlichen
Minnesota.

BILDNACHWEIS

Steve Biddulph
Männer auf der Suche

Das Buch beruht auf einer anschaulichen These: Die Industrielle Revolution hat die Männer ihrer Väter beraubt, mit dramatischen Folgen für das männliche Seelenleben, die innere Reifung und Führungsqualitäten.

Anders als über Jahrtausende zuvor wachsen Jungen seit sieben Generationen ohne Mentoren, Initiationsriten und väterliche Führung auf – weil Männer aus Sozialleben und Erziehung weitgehend ausgeschieden sind. Sieben Schritte sind zu tun, um Männerleben wieder lebenswert zu machen:

1. Das Verhältnis zum Vater bereinigen
2. Die Sexualität als die mächtige Quelle des eigenen Wohlbefindens wiederentdecken
3. Das Verhältnis zum Partner auf eine gleichberechtigte Grundlage stellen
4. Sich aktiv an der Erziehung der eigenen Kinder beteiligen
5. Lernen, echte (Männer-)freundschaften zu begründen und zu erhalten
6. Eine Arbeit finden, die wirklich erfüllt und befriedigt
7. Den »wilden« Geist befreien, der in die Freiräume von Spiritualität und Natur führt

Hardcover   288 S.   12 s/w Fotos   14,5 x 21,5 cm
DM 45,80   SFr 41,00   ÖS 334,00   € 22,90   ISBN 3-89530-023-3